# EVELINE SEBAA
# ENTSCHEIDE DICH!

RUN BIHAN poetry #1

mit der Reihe RUN BIHAN poetry veröffentliche ich ab Oktober 2022
in unregelmäßigen Abständen Auszüge aus meinen Texten, die ich
für mein poetisches Theater schreibe oder weil einfach Gedanken
auf Papier wollen.
Warum? Weil oft nach den Aufführungen zwei Fragen aus dem
Publikum kommen, wo man denn die Texte finden könne und ob
ich sie geschrieben hätte und ich diese Fragen nun gern beantworten
möchte mit dem Hinweis auf diese Reihe.
Danke liebes Publikum für das Interesse.

Zum vorliegenden Text

Die erste Fassung des Klageliedes oder der Wutschrift,
entstand 2007 in Köln.
Für meine Theaterproduktion „Drahtseilakt", schrieb ich eine
zweite Fassung, die hier abgedruckt ist.

Zu den Fotos
Die Fotos machte ich in der Chapelle de Ronchamp, einem
magischen Ort, den ich mit meinem Mann besuchte.

Sarreguemines im Oktober 2022,
Eveline Sebaa

PS:
Ich freue mich über Post zu meinen Texten und beantworte gern
Fragen, soweit ich die Antwort kenne.

Eveline Sebaa

# Entscheide dich!

eine Wutschrift oder ein Klagelied

Bibliografische Information der Deutschen Nationalbibliothek:
Die Deutsche Nationalbibliothek verzeichnet diese Publikation in
der Deutschen Nationalbibliografie; detaillierte bibliografische
Daten sind im Internet über http://dnb.dnb.de abrufbar.

© 2022 Eveline Sebaa

Weitere Informationen und Kontakt: www.eveline-sebaa.de

Herstellung und Verlag: BoD – Books on Demand, Norderstedt

ISBN: 978-3-7568-6295-5

„Vollständiges Glück setzt voraus, dass der Mensch den Sinn seiner Existenz begreift und darin Geborgenheit findet. Das aber ist unmöglich."

Ludwig Marcuse

Entscheide dich!
immer und immer wieder
ohne rücksicht auf die fülle
der möglichkeiten
muss ich entscheiden.
kirsch oder erdbeer?
fisch oder fleisch oder soja oder humus,
mann oder frau oder?
rechts oder links oder mitte?
mitte mittig mit miteinander mit
dir und dir und dir,
entscheide dich.
geht das nicht zu weit?

will ich das oder will ich das nicht?
soll ich oder lieber nicht
und:
wenn ich will und soll,

kann ich?

# I

es hört nicht auf.
ich habe kopfschmerzen.
ich bin untalentiert im zufrieden sein.
ich suche und suche -
auf der suche nach dem richtigen, perfekten glück
sein und gleichzeitig die richtige, perfekte
lebensweise zu finden ist unmöglich.
weil beides nicht existiert.
soweit so klar.

alle buddhistischen weisheiten dienen mir, uns
kosmopolitisch sein wollenden, dazu, besser mit
unserer wohlstandsbedingt zweifelgeplagten
unzufriedenen satten seele klar zu kommen.
suche ich nicht die butter für das brot, suche ich
den balsam für die seele in der religion einer
fremden kultur oder auf einer ledercouch im
abgedunkelten zimmer.

all die bücher, ratgeber und weisen sprüche
informieren mich darüber, wie ich am schnellsten,
langsamsten, besten das glück, das individuelle
glück finden kann.
wer es wie, wo und wann gefunden zu haben
glaubt und dass es eigentlich schon immer da war.

ich mache jetzt mit, schließe mich dem
glücksritterreigen an, denn ich weiß, dass das
glück ungreifbar ist wie die gegenwart, flüchtig
wie ein atemzug. kaum da, ist es schon vorüber.
die bewusstheit des glücks passiert so selten, zu
selten.
glück und bewusstsein schließen sich aus?
wäre also das höchste, wahre glück dort zu finden,
wo es mir möglich ist, mir des glücks bewusst zu
sein und es dann weiter zu empfinden?
wo wäre das?
wo wäre das?
wo?

## II

ich kann verstehen, dass menschen gläubig werden
oder fernsehen, sie in den riten oder
versprechungen einer institution ihr glück suchen
oder sich einreden, es ginge nicht darum.

gute frage, worum geht es eigentlich?
worum geht es all jenen, die ratgeber über das
glück schreiben oder das glück benutzen?
mich macht es wütend, dass das wort glück fast
schon inflationär benutzt wird. es ist wie ein verrat
eines geheimnisses, das auf einmal von
irgendwelchen mehr oder weniger glaubwürdigen
hanswursts lauthals auf dem jahrmarkt unserer
medienbühnen verkündet wird. und was nicht alles
glück versprechen soll: sojamilch, autos ganz oben
auf der glücksliste, rasierschaum, make up,
jakobswege, eistee, putzmittel, katzenfutter, kurz:
k o n s u m
konsum.

ein echtes buch über das glück bestünde aus vielen
leeren seiten, die wir uns genau ansehen, jede
seite. sind wir allesamt dermaßen medial
verseucht, dass wir diese vereinfachung komplexer
lebensfragen verpackt in einer plastikflasche mit
rosa aufdruck wirklich brauchen oder wollen? sind
angebot und nachfrage nicht ebenso künstlich
erzeugt wie genmilch? ja, sind sie.

denn die nachfrage ist keine frage und das angebot
ist kein angebot. wir kriegen, was wir nicht wollen
und wollen es, weil es angeboten wird in
glücksversprechende formeln verpackt.

und warum springen wir alle auf diesen
zivilisationszug auf?
weil wir alle glücklich sein wollen.
das ist einfache psychologie, das ist menschlich.
das ist zum kotzen.
menschen benutzen menschen, wie der mensch
alles benutzt.

## III

werbestrategie, marktanalyse, zielgruppenorientierung, pseudo tabu brüche, verkaufspsychologie, kann ein pferd kotzen? nein, macht nichts, da fällt uns schon was ein, damit es kann, auch wenn es nur für die dauer eines werbespots ist. welche werte verkaufen wir der nächsten generation? wir wollen alt werden, aber keiner will altern.

uns geht es doch verdammt noch mal zu gut, um eitelkeiten mit glück zu verwechseln oder das vulgäre anzubieten, weil es sich einfacher vermarkten lässt.

wenn nicht jetzt die zeit da ist, wann dann? ändern können wir die zukunft nur in der gegenwart.

wann sollen wir eine bessere, humanere, respektvollere welt schaffen, wenn nicht mit gefüllten bäuchen und rosigen wangen? wann? anstatt viele bilden und mit unterhaltungswert bilden zu wollen, läuft eine talkshow nach der anderen oder welcher prominenter weiß was und erzählt wird dabei gar nichts.

wo sind die geschichten, die berühren, sehnsüchte wecken, ideen geben und den geist herausfordern? wo sind transferdenkende in der sich selbst feiernden (medien)welt. warum ist unsere gesellschaft eher auf dem weg nach unten?

natürlich ist nicht alles schlecht, aber davon wird der rest nicht besser. warum sind satte menschen neidvoll und ausgrenzend?

ich pauschalisiere, ja, verdammt, weil ich es sehe, höre, jeden tag erkenne, wie schwer es ist, sich diesem strom zu entziehen, aber nicht so schwer wie es mir fallen würde, mitzumachen in der mittelmäßigen sicht auf unsere kleine welt.

lasst die kinder fussball spielen im innenhof einer neubauanlage. lasst die paare vögeln bei offenem fenster und den klavierlehrer mit seinem schüler üben. lasst die blumen wachsen an den ampeln und bietet eure hilfe an, bevor die alte frau die tüten fallen lässt. beschwert euch nicht anonym bei nachbarn, beschwert euch bei städten, die kindergartenplätze streichen, lehrer vor klassen mit 35 kindern stellen, krankenhäuser privatisieren und gelder streichen für soziale werke.

# IV

oder ist es nicht vielmehr so, dass gebildete eine
eitelkeit des geistes kultivieren und dabei lächelnd
auf die künstlerisch verzierten fingernägel einer
kassiererin herabblicken wollen?
geht es nicht, immer und immer wieder, um status,
um dienende und herrscher? prosecco für das volk,
champagner für uns? privatsender für euch, zwei
sender für uns, nur sowenig? tja, es gibt halt nicht
so viele, die so etwas sehen wollen! blödsinn!
warum ist ehrgeiz so oft gekoppelt an egomane
machtgelüste?
und warum ist unsere gesellschaft darauf
konditioniert, immer mehr zu wollen,
absurderweise in jedem bereich.
mehr geld, klar, mehr haare, mehr weiße zähne,
mehr, mehr dominosteine, mehr davon, von allem.
aber weniger zu wollen wäre eine tugend, ohne
bescheidenheit oder askese zu proklamieren.
es gibt eine zahnpasta, auf deren tube vermerkt ist,
dass eine kleine menge absolut ausreichend ist.

in der ruhe liegt die kraft, ja, aber wo liegt das glück?
auf dem rücken der pferde oder in meiner hand oder in der hand derer, die so wahnsinnig gut darüber bescheid zu wissen glauben, was wirklich glücklich macht?

Für Philip,

der mich auf die Idee gebracht hat, diesen Text wieder rauszusuchen, weil er sich mit der Frage nach dem freien Willen beschäftigte.

## Die Liebe

In der Liebe sind wir wertvoll.

Der Wert eines Menschen zeigt sich niemals an dem,
was er besitzt.

Er kann nur aus dem Menschen selbst kommen.

Er ist die Liebe zu uns selbst und unseren Mitmenschen,
die wir leben sollen und dürfen.

Es ist ein Geschenk an uns, haben wir den Mut, es zu nutzen.

Es bedarf nicht viel.

Liebe ist das Fundament, das Gott für uns geschaffen hat.

Wir haben die Freiheit, zu bestimmen,
wie das Haus unseres Lebens,

das wir auf diesem Fundament bauen, aussehen soll.

Wir können darauf aufbauen, oder es als Ruine stehen lassen.

Gott überlässt uns die Entscheidung dafür.


Jutta Grabow

## Vorwort

Dieses Buch ist keine Abrechnung mit meinen Peinigern. Es entstand vielmehr aus dem Bedürfnis heraus, Mut und Hoffnung denen zu geben, die ähnliche schmerz- und leidvolle Erfahrungen in ihrem Leben machen mussten.

Leider ist in unserer Gesellschaft das Thema »sexueller Missbrauch« auch heute immer noch stark tabuisiert. Ich möchte allen Betroffenen Mut machen, über ihre leidvollen Erfahrungen zu sprechen, sich gegen ihre Peiniger zur Wehr zu setzen, nicht mehr zu schweigen. Ich möchte ihnen sagen, dass sie NICHT SCHULDIG sind. Schuldig sind immer die Missbraucher, die Peiniger.

Es ist möglich, die Verletzungen zu heilen, wenn auch die Narben bis zum Lebensende noch ab und an ein wenig wehtun werden. Ich habe eine solche Heilung erleben dürfen.

Als sechsjähriges kleines Mädchen wurde ich brutal sexuell missbraucht. Dies hat meiner Seele schweren Schaden zugefügt. Die Erlebnisse haben dazu beigetragen, dass ich mit Schuldgefühlen und dem Gefühl der Nichtswürdigkeit aufwuchs. Sie haben mein Leben entscheidend beeinflusst.

Bis zu meinem siebenundvierzigsten Lebensjahr hatte ich diese Erlebnisse aus meinem Gedächtnis gelöscht. Dann begannen Erinnerungen in mir aufzubrechen, die so brutal und entsetzlich waren, dass ich zwei Jahre später einen Zusammenbruch erlitt und mich in eine schwere Depression fallen ließ. Irgendwann erkannte ich, dass es nur zwei Möglichkeiten für mich gab: Entweder in der Depression vor mich hin zu dämmern und mit im Lauf der Jahre immer stärker werdenden Medikamenten zu leben, oder noch einmal den Weg zurück zu diesen Verwundungen zu gehen, um sie zu heilen.

Ich wollte das Leben, *mein* wirkliches Leben. Ich entschied mich, mit Gottes Hilfe, für den Weg zurück.

Am Ende dieses Weges begegnete ich mir selbst.

## Es war einmal ein kleines Mädchen ...

Bunt gefärbtes Laub kleiner Wälder, von herbstlichen Sonnenstrahlen beschienen, Täler mit kleinen Dörfern, deren Dachziegel rot leuchten, fliegen an mir vorüber. Ich blicke aus dem Fenster meines Abteils im ICE, der mich nach sieben Wochen Kuraufenthalt in Heiligenfeld nach Hause bringen soll.

Ich bin glücklich, endlich wieder heimzukommen. Meine Gedanken gehen zu meinem liebevollen Mann, meinen beiden Töchtern und zu Sina und Benjamin, meinen Enkelkindern. Ich habe sie alle sehr vermisst. Etwa eineinhalb Stunden Fahrt noch, dann wird Richard mich am Bahnhof erwarten.

Ich versuche ein wenig zu lesen, kann mich doch nicht konzentrieren und blicke aus dem Fenster. Die Gedanken sind wieder in Heiligenfeld. Plötzlich sehe ich dieses dicke, sechs Jahre alte Kind wieder, das kleine Mädchen mit den abgeschnittenen Zöpfen, mit den unendlich traurigen Augen und der großen Angst. Ich habe es in Heiligenfeld wieder gefunden und wusste bis dahin nicht einmal, dass es existierte. Ich wusste nur von einem kleinen, süßen Kind mit langen schwarzen Zöpfen, das mit sechs Jahren in die Schule kam.


In den ersten Schulferien nahmen mich Verwandte meines Vaters für sechs Wochen mit nach Osnabrück. Von ihnen wurde ich konstant sexuell missbraucht, vergewaltigt und zu widerlichen sexuellen Handlungen gezwungen.

Dass es danach ein völlig verändertes, dickes Kind war, das nach Hause zurückkam, hatte ich aus meiner Erinnerung völlig gelöscht und verloren. Ich sollte es erst in Heiligenfeld wieder finden.

Meine Erinnerungen und Gedanken reisen zurück in meine Kindheit, in der alles begann.

In den Bombennächten des Jahres 1943 wurde ich in Hamburg geboren. Mein Vater war im Kriegseinsatz. Er fuhr auf einem Zerstörer, der am Tag meiner Geburt beschossen wurde. Kameraden retteten meinen Vater aus dem Wasser.

Meine Eltern bewohnten ein kleines Zimmer in derselben Straße, in welcher auch die Mutter meiner Mutter wohnte. Es gab einen Luftschutzkeller jeweils am Ende der Straße. Einmal, bei einem Bombenalarm, flüchtete meine Mutter in den ihr zugewiesenen Bunker. Er war bereits voller Menschen, und man wollte sie nicht mehr hineinlassen. So lief sie mit mir zu dem anderen Luftschutzkeller. Auch dort wurde sie abgewiesen, doch meine Großmutter, die sich schon dorthin geflüchtet hatte, zog sie einfach hinein.

Nachdem Entwarnung gegeben worden war, entdeckten sie, dass eine Bombe den uns zugewiesenen Bunker getroffen hatte. Fast alle Menschen darin waren ums Leben gekommen.

Wir aber sollten leben.

Mein Vater hatte den Krieg überlebt. Im August 1945 wurde meine Schwester Ulla geboren, 1947 Christa. Eine meiner ersten Erinnerungen, ich war etwa dreieinhalb Jahre alt, ist ein Erlebnis, das mein Vertrauen zu meinen Eltern zerstörte: Ich hatte den Schnuller meiner Schwester kaputtgemacht. Mein Vater sagte zu mir: »Du musst ihn kaputtgemacht haben. Wenn du die

Wahrheit sagst, wirst du nicht betraft.« Ich sagte die Wahrheit und wurde trotzdem mit dem Kochlöffel bestraft. Einige Zeit später, ich mag etwa viereinhalb Jahre alt gewesen sein, fanden sie mich, als ich im Kot herumrührte. Sie sagten, ich sei ein böses, schmutziges Mädchen, ein gutes tue so etwas nicht.

Im Jahr 1947 zogen wir endlich in eine kleine Dreizimmerwohnung. Meine Mutter war schwanger mit meinem ersten Bruder. Mein Vater hatte Arbeit gefunden, dennoch waren wir, wie viele Menschen in der Nachkriegszeit, arm.

Die Familie meines Vaters stammte aus Ostpreußen. Er hatte elf Brüder und eine Schwester. Nach dem Einmarsch der Russen flüchteten einige Brüder nach Westdeutschland, einige in die damalige Ostzone, die spätere DDR. Kurze Zeit danach floh ein Bruder meines Vaters mit seiner Frau und drei Kindern aus dem Osten Deutschlands nach Hamburg. Mein Vater nahm sie bei uns auf. Es war ein entsetzlicher Zustand. Anderthalb Jahre lebten wir mit elf Personen in unserer achtundsechzig Quadratmeter kleinen Wohnung, bis die Familie endlich eine eigene Unterkunft bekam, und meine Geschwister und ich ein eigenes Bett.

In dieser Zeit zogen noch weitere Brüder meines Vaters nach Hamburg. Unsere Wohnung war immer voller Menschen. Ich erinnere mich an lärmende, betrunkene Männer, rauchgeschwängerte Luft und Windeleimer, und oft wurde ich nachts von den Schreien meiner Mutter wach, die von meinem Vater geschlagen wurde. Manchmal lief ich in die Küche, klammerte mich an das Hosenbein meines Vaters und schrie: »Bitte, bitte nicht, Papi! Bitte nicht!«

Oft flüchtete sich meine Schwester Ulla nach solchen nächtlichen Vorfällen in mein Bett. Sie machte Späße, um mich zum

Lachen zu bringen. Häufig gelang es ihr auch. »Sei nicht traurig«, sagte sie dann zu mir.

Zu essen hatten wir dagegen reichlich. Mein Vater und mein Onkel gingen alle zwei Wochen zur Freibank, um Fleisch zu kaufen. Manchmal kamen beide erst am nächsten Morgen zurück, ohne Fleisch, ohne Tasche und natürlich ohne Geld. Sie hatten im Suff alles irgendwo in einer Kneipe liegen lassen. Ich hatte damals schon panische Angst vor den lauten, betrunkenen Männern und ging ihnen aus dem Weg.

Im März 1949 kam ich in die Schule. Ich war ein kleines, zartes Kind mit langen, fast schwarzen Zöpfen. Ein Onkel nannte mich »Mohrchen«, weil ich so dunkelhaarig und braun war. Fast alle Fotos aus dieser Zeit zeigen mich eigentlich traurig.

Kurz vor Beginn meiner ersten Schulferien besuchte uns eine Cousine meines Vaters mit ihrem Mann. Man beschloss, dass ich meine Sommerferien bei ihnen in der Nähe von Osnabrück verbringen solle. Sie nahmen mich mit – für sechs lange Wochen. Immer wieder fragte ich mich später, während meiner Erkrankung, was ich als kleines Kind wohl empfunden haben musste, als diese fremden Menschen mich in ihr Auto setzten und mit fort nahmen. Musste ich nicht glauben, dass meine Eltern mich nicht mehr haben wollten, weil ich kein gutes Kind war? Das hatten sie mir ja oft genug gesagt, wenn ich unartig gewesen war. Sie konnten mich doch nicht lieb haben, wenn ich ein so böses Kind war! Außerdem war ja ein neues Kind unterwegs, das wusste ich. Dieses Entsetzen, diese Angst, nicht wieder nach Hause zurückzukommen, diesen entsetzlichen Schmerz, fortgegeben worden zu sein, sollte ich später, als erwachsene Frau, noch einmal durchleben.

Als ich mit ihnen wegfuhr, war ich ein kleines, hübsches

Mädchen mit Zöpfen gewesen. Zurück kam ein dickes Kind mit abgeschnittenen Haaren, zerstört an Leib und Seele.

Die Verwandten meines Vaters betrieben ein Casino für amerikanische Besatzungssoldaten. Hier gab es vieles zu essen, was man außerhalb nicht zu kaufen bekam. Auch Schokolade, und davon gaben sie mir reichlich.

Sechs furchtbare Wochen missbrauchten sie mich sexuell, immer wenn sie Lust hatten, und die hatten sie oft.

Sie taten es beide.

Ich weinte nicht, wenn sie kamen. In meiner späteren Erinnerung sehe ich mich völlig erstarrt vor Angst am Kopfende ihres Bettes kauern. Ich hatte mein Inneres ausgeschaltet, es war nur mein Körper, der anwesend war. Sie vergewaltigten mich, nahmen andere sexuelle Handlungen an mir vor. Er steckte mir seinen Penis in den Mund und ließ seinen Samen hineinlaufen. Ich dachte, ich müsse sterben, weil ich keine Luft bekam. Ich wusste nicht, dass das kleine Mädchen, das ich einmal gewesen war, ja schon längst gestorben war.

Sie sagten mir, sie müssten diese Dinge mit mir tun, weil ich so ein böses, schmutziges Kind sei. Aber wenn ich ein braves Kind sei, dann bekäme ich Schokolade.

Ich bekam oft Schokolade. Sie sagten mir, wenn ich meinen Eltern von den Sachen, die sie mit mir machen »mussten«, erzählte, würden diese mich nicht mehr zurückhaben wollen. So verschloss ich allen Schmerz und alle Gefühle hinter einer Tür in meinem Inneren und verlor die Erinnerung daran. Es war wie eine Amnesie. Meine Seele musste so reagieren, damit ich überleben konnte. Ich wollte doch wieder nach Hause, zu meiner Mama und zu meinen Geschwistern!

Also ertrug ich es, ohne einen Laut von mir zu geben, wenn er sich auf mich legte. Ich glaubte, keine Luft mehr zu bekommen, wenn er brutal seinen Penis in mich einführte, und ich dachte, er würde mir »da unten« alles kaputtreißen. Wenn sie mit mir fertig waren, sagten sie, andere Erwachsene täten das auch mit ungehorsamen Kindern. Ich sei brav gewesen, und deshalb bekäme ich jetzt Schokolade.

Das häufige Essen von Schokolade und anderen Süßigkeiten zeigte Wirkung. Ich wurde dick. Sie mussten mir noch in Osnabrück neue Kleidung kaufen, weil die alte zu klein geworden war. Hier wurde der Grundstein für meine spätere Ess-Störung gelegt.

Inzwischen war auch ein Cousin von mir für ein paar Tage dazugekommen. Er war damals zehn Jahre alt. Ich glaube, irgendetwas ist auch mit ihm dort geschehen. Vor etwa zwei Jahren habe ich versucht, mit ihm über Osnabrück zu sprechen. Er wirkte sehr erschrocken und sagte, er wisse nichts über einen Aufenthalt dort.

Nach sechs langen Wochen setzten sie mich mit meinem Cousin in einen Zug. Wir mussten dreimal umsteigen, bis wir nach fast acht Stunden zurück in Hamburg waren. Auch diese Vorstellung macht mich heute noch fassungslos: Zwei kleine Kinder, sechs und zehn Jahre, allein mit dem Zug unterwegs!

Jochen setzte mich am Ende unserer Straße ab. Meine Schwester Ulla erzählte mir später, wie sie mich dort stehen sah. Sie erkannte mich zunächst nicht: Eine dicke Jutta in einem grünen Wollrock und einer weißen Bluse, mit einem roten Köfferchen in der Hand.

Ich war glücklich, wieder zu Hause zu sein. Als meine Eltern mich sahen, meinten sie nur: »Dich haben sie aber voll gestopft!« Das stimmte auch, doch es war nicht nur Schokolade gewesen.

War ich vorher schon ein sehr stilles Kind gewesen, so war ich jetzt noch mehr in mich gekehrt und versuchte so zu sein, wie die anderen mich haben wollten.

Im September wurde Peter geboren. Wieder Windeleimer, betrunkene, grölende Männer und dazwischen wir drei Mädchen und ein Säugling. Meine Mutter bekam wieder Schläge. Nach solchen Nächten sah ich bei ihr oft blaue Flecken im Gesicht und an den Armen. Aber es dauerte nicht lange, dann war sie wieder gut mit meinem Vater. Ich verstand es nicht. Warum musste ein Mann seine Frau schlagen? Andere Väter von Freunden taten es doch auch nicht, warum unser Vater? Oder tat Mutti etwas, das er mit Schlägen bestrafen musste? Niemand gab mir Antworten. Ich war allein mit meinen Fragen. Allein mit meiner Sehnsucht, bemerkt und geliebt zu werden. Ab und an riefen Nachbarn in solchen Nächten den Peterwagen. Ich schämte mich für unsere Familie, wenn ich am nächsten Tag aus dem Haus ging. Auch die folgenden Jahre änderten nichts an unserer häuslichen Situation.

Obwohl ich eine gute Schülerin war und entsprechende Zeugnisse nach Hause brachte, war meinem Vater nichts gut genug. Mutti enthielt sich, wie so oft, der Stimme. Ich war ganz auf mich gestellt. Meine Schularbeiten machte ich allein und half meinen Geschwistern bei den ihren. Nirgendwo gab es einen Platz für mich, an dem ich einmal für mich sein konnte. Wollte ich spielen gehen, so musste ich immer irgendein Geschwisterkind mitnehmen.

Eines Tages, ich war neun Jahre alt und mein Bruder Peter drei, sollte ich ihn mit nach unten nehmen und auf ihn aufpassen. Wir spielten mit anderen Kindern, und plötzlich war Peter verschwunden. Meine Eltern waren natürlich in Sorge, und ich, die doch auf ihn hatte aufpassen sollen, war wieder einmal ein ungezogenes, böses Mädchen. Wir suchten alle nach ihm, und die Eltern fanden ihn schließlich nicht weit weg in einem Busch. Sie herzten und küssten ihn voll Freude und Erleichterung. Ich stand allein da, böse Blicke straften mich, und Worte wie: »Kannst du nicht einmal tun, was man dir sagt? Du solltest doch auf ihn aufpassen!« trafen mich wie Dolchstiche ins Herz. Ihrer Meinung nach gehorchte ich nicht, war ein nichtswürdiges Kind, konnte nicht einmal auf meinen Bruder Acht geben.

Da stand ein kleines neunjähriges Mädchen, das einen Moment nur dem Spiel zugewandt gewesen war, und wurde zum Sündenbock gemacht. Die Erwachsenen luden die Verantwortung, die eigentlich ihnen oblag, einfach auf das Kind ab. Meine Gedanken sind bei diesem kleinen Mädchen, und ich fühle wie damals den Schmerz und den Schrei in mir: »Ich hab doch nur gespielt! Warum seid ihr so böse auf mich? Warum habt ihr mich nicht auch geküsst? Warum könnt ihr mich nicht auch so lieb haben wie Peter?« Aber niemand küsste das kleine Mädchen, und niemand sagte ihm, dass es liebenswert sei.

Ich versuchte, so lieb wie möglich zu sein, meinen Eltern alles recht zu machen. Aber trotzdem schaffte ich es nicht, ihren Ansprüchen zu genügen.

Gott sei Dank gab es noch Omi. Meine Mutter war ihr zweites Kind. Mutters Bruder, der fünf Jahre älter war, hatten die Nazis 1944 in Hamburg erschossen. Der Vater meiner Mutter starb, als sie zwölf Jahre alt war. 1939 heiratete Omi noch einmal. Ihr zweiter Mann kehrte nicht mehr aus Russland zurück.

Omi arbeitete schwer in einer Fabrik. Obwohl auch sie keine großen Gefühle zeigen konnte, so spürte ich doch ihre Liebe zu uns Kindern. Sie war gerecht und tat für uns alles, was in ihrer Macht stand. Omi war die einzige Person, vor der unser Vater Respekt hatte. Ich erinnere mich, dass sie einmal mit dem Handfeger auf ihn losging, weil er wieder die Hand gegen unsere Mutter erheben wollte. Wie viele Nächte es waren, in denen Omi unserer Mutter und uns Kindern ihr Bett und ihre Couch zum Schlafen freimachte, weil unser Vater uns aus der Wohnung geworfen hatte, kann ich nicht mehr zählen.

Ich litt entsetzlich darunter, als Omi eine Zeit lang nicht zu uns kam, weil mein Vater sie aus dem Haus geworfen hatte. Aber eines Tages war sie wieder da, und ich war glücklich. Sie hatte einen Garten, und ich liebte es, mit ihr dort zu sein. Während der Erntezeit war es dort besonders schön, ausgenommen, wenn mein Vater angetrunken auf einem Stuhl saß und uns Kindern Anweisungen gab, wie wir die Johannisbeeren zu pflücken hatten.

So oft ich konnte, ging ich zu Omi. Ich glaube, auch sie hat sehr unter den Zuständen bei uns zu Hause gelitten. Sie hat nur noch für uns gelebt.

Im November bekam unser Vater Weihnachtsgeld, das er immer bis kurz vor Weihnachten wieder vertrunken hatte. Er ging dann bei irgendwelchen Leuten malen und tapezieren, um Geld zu verdienen. Wenn man mal davon absieht, dass mein Vater an jedem Weihnachtsfest betrunken war, hatten wir es immer sehr schön. Omi gab häufig viel Geld aus, um uns großzügig zu beschenken.

So erinnere ich mich an ein Weihnachtsfest, an dem meine Geschwister einige ihrer Herzenswünsche unter dem Tannenbaum gefunden hatten. Ich war etwas enttäuscht und traurig, denn ich hatte nicht so viel bekommen. Omi gab mir eine Prali-

nenschachtel und sagte: »Da ist noch was für dich, mach es auf!«
Ich dachte, es sei Puppenkleidung, und öffnete die Schachtel.
Darin fand ich ein paar Süßigkeiten und einen kleineren Kasten.
Vielleicht ein Kugelschreiber?

Als ich das Kästchen öffnete, lag eine Armbanduhr darin. Ich
bekam einen richtigen Weinkrampf! Es war so unvorstellbar für
mich, dass mein Wunsch in Erfüllung gegangen war, und ich
konnte mich nur langsam wieder beruhigen. Die Erwachsenen
waren über meinen Ausbruch sehr erschrocken und beschlossen,
so etwas nicht wieder zu tun. Trotzdem erlebte ich eine ähnliche Situation noch einmal, als ich zu Weihnachten ein Fahrrad
bekam. Sie hatten es hinter der Gardine des Balkonfensters versteckt, und nachdem alle Geschenke bereits ausgepackt waren,
entdeckte ich es. Ich bekam wieder einen Schock vor Freude. Das
war dann doch das letzte Mal, dass sie mich so überraschten.

Gegenüber meinem Vater kannte ich kein anderes Gefühl als
Angst. Zu uns Kindern war er laut, respektlos und voller Missachtung. In den Tagen, an denen er zu Hause war, versuchte ich,
ihm aus dem Weg zu gehen.

Mehrmals in der Woche kamen seine Brüder zu uns zu Besuch. Es wurde immer getrunken. Hin und wieder holten sie
mich abends noch mal aus dem Bett und schickten mich zum
Krämer, um Wein vom Fass zu holen. Niemand machte sich
Gedanken darüber, dass ich am nächsten Tag früh aufstehen
und zur Schule gehen musste. Der Alkohol war wichtiger. Auch
meine Mutter unternahm nichts dagegen. Manchmal sehe ich
mich weinend an ihrem Schürzenzipfel hängen und höre sie
ungeduldig sagen: »Jetzt jaul doch nicht schon wieder!« Irgendwann hörte ich auf zu weinen. Sie hatte schon längst vorher
aufgehört zu weinen.

Meine erste Regelblutung bekam ich mit elf Jahren. Zu diesem Zeitpunkt lebte die Mutter meines Vaters bei uns. Weinend lief ich zu ihr und sagte: »Oma, ich muss sterben, ich habe Blut in meinem Schlüpfer!« Oma tröstete mich und sagte: »Das bekommst du nun alle vier Wochen.« Doch warum, erklärte sie mir nicht. Seit Oma bei uns im Haus war, war es für mich etwas erträglicher geworden. Sie war eine liebe Oma, doch gegen meinen Vater konnte auch sie nichts ausrichten. Er war längst Alkoholiker geworden.

In den Ferien fuhren wir oft zu Tante Martha, einer Schwester meines Vaters, in die damalige Ostzone. Diese Wochen waren Freiheit pur. Tante Martha hatte ebenfalls vier Kinder, alles Mädchen. Wir waren immer draußen und hatten viel Spaß zusammen. Finanziell konnten wir es uns gut leisten: Meine Eltern tauschten damals eine D-Mark West und bekamen vier D-Mark Ost. Für meinen Vater war es ein Eldorado für Alkohol.

Während einer dieser Ferienaufenthalte bekam ich meinen ersten Kuss. Ich war dreizehn Jahre alt. Es war Fred, ein Bruder des Freundes meiner Cousine. Ich wusste gar nicht, wie mir geschah: Er drückte mich gegen einen Gartenzaun und küsste mich. Ich lief weinend zu meiner Tante und sagte: »Tante Martha, Fred hat mir seine Zunge in den Mund gesteckt! Jetzt bekomme ich ein Kind!« Meine Tante lachte und beruhigte mich: »Vom Küssen bekommt man keine Kinder!« Aber auch sie erklärte mir nicht, wie man ein Kind bekommt. Ich mochte Küssen trotzdem nicht.

Im Jahr 1955 kam Horst zur Welt. Vor seiner Geburt war einige Male eine so genannte Engelmacherin zu uns ins Haus gekommen. Ich wusste nicht, was diese Frau, die auch zu anderen

Müttern in unserer Straße ging, bei uns zu suchen hatte, aber ich spürte, dass es etwas Geheimnisvolles war. Die Türen wurden verschlossen, und wir Kinder mussten zum Spielen nach draußen.

Wie viele Abtreibungen meine Mutter hatte, weiß ich nicht. Es waren einige. An einer wäre sie beinahe gestorben, wie sie mir viel später einmal erzählte. An diesem Abend war ich von Lärm wach geworden und in die Küche gegangen, um zu sehen, was dort los war. Ich sah meinen Vater, der meine Mutter über den Boden zur Haustür schleifte – tragen konnte er sie nicht –, um sie mit einem Taxi zu einem Arzt zu bringen. Sie blutete stark und brauchte einige Tage, um sich wieder zu erholen. Am Tag danach wollte ich ins Bad. Unsere Nachbarin leerte gerade einen Eimer, der mit Wasser und Blut gefüllt war. Darin schwamm ein kleiner Fötus. Sie erklärte mir, was das sei, und ich bekam einen Schock. Mit meinem Vater sprach ich danach nur noch, wenn es unbedingt sein musste. Ich ging ihm aus dem Weg, so gut ich konnte, und antwortete nur, wenn ich gefragt wurde.

Ich war unendlich traurig über das, was er meiner Mutter angetan hatte, und hätte sie gerne beschützt. Aber wenn ich sie umarmen wollte, um sie zu trösten, schüttelte sie mich nur ungeduldig ab. Sie hatte unserem Vater bereits wieder verziehen, war zur Tagesordnung übergegangen und wollte von mir wohl nicht mehr daran erinnert werden. Ich liebte meine Mutter und wünschte mir so sehr ein liebes Wort von ihr, oder dass sie mich einmal in die Arme nahm und mir sagte, dass sie mich lieb habe. Ich kann mich auch nicht erinnern, dass mein Vater jemals zu mir gesagt hat: »Ich hab dich lieb.« Bei meinen Eltern fand ich nur Beachtung, wenn sie eine Aufgabe für mich hatten. Die Verantwortung für meine Geschwister trug ich ja schon längst mit.

An den Wochenenden mussten wir Kinder nacheinander in einer Zinkbadewanne baden. Ich war zwölf Jahre alt, hatte Schambehaarung und einen kleinen Busen. So stieg ich nackt in die Wanne. Mein Vater saß direkt davor auf einem Stuhl, eine Zigarette in der Hand, seinen betrunkenen Blick auf mich gerichtet. Meine Mutter stand mit dem Rücken zu mir am Herd. »Die hat aber schon einen ganz schönen Zwickel!«, sagte mein Vater zu ihr. Ich hatte das Gefühl, als ekele er sich vor mir. Ich wusste nicht, was ein Zwickel ist, aber es musste etwas Scheußliches sein, das sagte mir sein Blick. Ich schämte mich entsetzlich für mich und meinen Körper. Warum sah er mich so an? War ich so furchtbar hässlich? Was war an mir so entsetzlich, ja geradezu widerlich?

In diesem Augenblick nahm er mir alles, was erwachendes Frausein ist. Ich hasste meinen Körper und versuchte ihn zu verstecken, wo ich konnte, obwohl ich schlank und hübsch war. Nun war ich also nicht nur böse und schlecht, sondern auch noch ekelhaft. Gespräche über Sexualität gab es bei uns nicht. Selbst wenn meine Mutter meinen Bruder stillte, drehte sie sich zur Seite, damit wir nicht zusehen konnten. Ich habe sie nie nackt gesehen.

Während ich dies schreibe, kann ich die Tränen nicht zurückhalten. Ich denke mit großer Traurigkeit an das junge Mädchen, das liebenswert und hübsch sein wollte, das sich nach Liebe sehnte und einsam war.

Ich brauchte danach nicht mehr in seinem Beisein in die Badewanne. Meinen Körper versuchte ich von nun an zu ignorieren. Ich versuchte, *mich* zu ignorieren.

Einige Zeit später bat ich meine Mutter, mir einen Büstenhalter zu kaufen, weil die Jungen im Sportunterricht über meinen wippenden Busen lachten. Natürlich sprach sie mit meinem Vater darüber, was dieser zum Anlass nahm, mich bei nächster Gelegenheit zynisch zu verspotten und mir zu erklären, dass Mädchen in meinem Alter keinen BH zu tragen hätten. Eine Freundin schenkte mir dann einen gebrauchten. Zuerst trug ich ihn nur heimlich in der Schule, aber ich merkte, dass meine Eltern das gar nicht mitbekamen. Von nun an trug ich ihn immer.

Ich war dreizehn und hatte lange schwarze Haare, die zu Zöpfen geflochten waren. In den Kinos lief der Film »Die Halbstarken«. Auf dem Weg zur Schule öffnete ich immer meine Zöpfe und trug das Haar offen wie Karin Baal im Film. Meine Haare, so glaubte ich, waren das einzig Schöne an mir. Damit fand ich auch ein wenig Beachtung bei meinen Klassenkameraden, die mich sonst eher links liegen ließen.

Eines Tages – mein Vater hatte frei –, mussten Ulla, die langes, blondes Haar hatte, und ich »antreten«. »Ich hab die Faxen dicke! Jetzt schneid ich euch die Haare kurz!«, verkündete mein Vater.

Ich war zuerst an der Reihe. Ich wagte es nicht, mich zu widersetzen, auch meine Mutter sagte nichts. Er setzte mir einen Topf auf den Kopf und schnitt mir die Zöpfe ab. Mir kamen die Tränen, und in mir drin schrie es: »Bitte, bitte nicht, nicht meine Haare!« Doch ich brachte wie immer keinen Ton heraus. Als Ulla an die Reihe kam, fing sie an zu brüllen und lief vor ihm um den Tisch herum. »Nicht, Papi, bitte, bitte nicht!«, schrie sie. Jetzt griff meine Mutter ein, und Ulla durfte ihr langes Haar behalten.

»Warum sterbe ich nicht einfach?«, dachte ich. Der nächste Schultag war für mich wie Spießrutenlaufen. Ich wurde ausgelacht und verspottet. Nun hatte er mir auch noch das genommen, was das Schönste an mir gewesen war.

Ein anderes Mal wagte ich, nach einer Nacht voller Alkohol-
exzesse zu meinem Vater zu sagen: »Bitte trink nicht immer so
viel und schlage Mutti nicht, ich kann das nicht mehr aushalten!
Lieber wäre ich tot!« Darauf antwortete er nur: »Dann geh doch
ins Wasser!« Musste ich nicht glauben, dass es ihnen offenbar
egal war, ob ich lebte oder tot war? Niemand sagte zu mir: »Es
ist schön, dass es dich gibt.«

Mitte der fünfziger Jahre kaufte mein Vater einen Kassetten-
rekorder und brachte das Mikrofon unter unseren Betten an.
Am nächsten Tag hörte er sich an, was meine Schwester und
ich uns erzählten. Natürlich ließen wir uns, wie es alle Kinder
wohl einmal tun, auch über unsere Eltern aus. Selbst in unseren
Betten konnten wir also nicht mehr so reden, wie wir wollten.

Meine Mutter erlebte ich in meiner Kindheit sehr nebulös.
Vertrauten wir ihr etwas an, das unser Vater nicht wissen sollte,
so konnten wir sicher sein, dass er einen Tag später Bescheid
wusste und uns bestrafte. Sie hielt zu ihm, ertrug alles und
verriet uns dafür. Ich vertraute ihr schon lange nichts mehr an,
und wir Kinder begannen, ab und an zu lügen.

In der Beziehung zu meinen Geschwistern musste ich allmählich einen Teil der Rolle meiner Mutter übernehmen. Ich
glaube, dass ich sogar manchmal die Rolle der Mutter für meine
Mutter spielte.

Dennoch gab es auch schöne Momente, wenn ich mit Freunden draußen spielte – Murmeln, Hinkebock oder Geschichten-
ball, mein liebstes Spiel. Da warfen wir abwechselnd einen Ball
immer wieder gegen die Hauswand und erzählten dabei eine
Geschichte. Schon damals verschlang ich Dreigroschenromane
und flüchtete in eine Traumwelt, in der es nur Liebe und Glück
gab.

Meinen Vater erlebte ich in seinen nüchternen Phasen grob-liebevoll. Er brachte uns zum Beispiel sehr früh das Schwimmen bei und tobte mit uns im Wasser herum. Auch unserer Mutter gegenüber erlebte ich ihn manchmal so. Leider überwogen aber die schlimmen Tage und Nächte.

Vater war kein dummer Mensch. Er las viel, war politisch sehr interessiert und hatte ein gutes Allgemeinwissen. Zudem war er ausgesprochen großzügig. Als erwachsene Frau konnte ich manchmal seine Warmherzigkeit spüren. Hin und wieder nahm er fremde Menschen mit zu uns nach Hause, bewirtete sie und gab ihnen Geld. Einmal brachte er einen Bettler mit, der ihn, nachdem er gegessen und getrunken hatte, bestahl. Natürlich waren auch solche Situationen für meine Mutter kaum zu ertragen. Aber sie konnte sich nicht durchsetzen. Bei uns zu Hause hatte zu geschehen, was mein Vater sagte und anordnete. Sie musste sich ihm unterordnen, genau wie wir.

In den letzten Jahren seiner Berufstätigkeit war er Ableser für die Hamburgischen Electricitäts-Werke. Er betreute den Bereich Reeperbahn und Umgebung. Wenn jemand nicht bezahlen konnte, sagte er oft: »Gib mir wenigstens zehn Mark Anzahlung, dann brauch ich das Licht nicht abknipsen.« Es tat ihm leid, wenn er das tun musste.

Vater sorgte für uns und kochte gerne und gut, wenn er zu Hause war. Wir litten niemals Hunger. Ab und zu kam er an seinen Arbeitstagen mit einem Kollegen im Kastenwagen vorbei, und wir Kinder durften ein Stück mitfahren.

Eines Tages brachte er einen kleinen Dackel mit nach Hause, der sich heiser gebellt hatte. Der Halter wollte ihn einschläfern lassen, aber das konnte mein Vater nicht zulassen. Der Hund hieß Waldi, und mein Vater hing sehr an ihm. Waldi hatte bei meinen Eltern ein gutes Hundeleben und starb an Altersschwäche.

In der sechsten Klasse hatte ich eine Lehrerin, die mich offensichtlich nicht mochte. Während dieses Schuljahrs verschlechterten sich meine Zensuren, und ich ließ mein Zeugnis von Omi unterschreiben. Während einer der Schulstunden bei dieser Lehrerin bekam ich meine Regel. Mein Kleid war bereits durchgeblutet, und meine Freundin ging zur Lehrerin, erzählte es ihr und fragte, ob ich nach Hause gehen könne. Aber die lehnte ab und sagte nur: »Du kannst ja deinen Mantel anziehen.« Ich tat es, und der Mantel war am Ende der Schulstunde ebenfalls durchgeblutet. Unter dem Gejohle meiner Klassenkameraden trat ich den Heimweg an. Weinend erzählte ich es meiner Mutter, aber sie antwortete mir nur mit dem Satz: »Nun jaul doch nicht schon wieder!« Es war niemand da, der die Lehrerin in die Schranken gewiesen hätte, niemand, der mich tröstend in den Arm nahm und mir sagte, es werde alles gut werden. Zu den Elternabenden gingen meine Eltern sowieso nicht.

Dann kam Herr Carstens als Lehrer zu uns. Es wurden meine drei schönsten Schuljahre, und ich weinte sehr, als wir nach der neunten Klasse unseren Abschied in der Aula feierten. Hier war plötzlich ein Mensch, der mich bemerkte, dem meine guten Leistungen auffielen und der mich förderte. Ich durfte in den Deutschstunden vorlesen und kleinere Aufgaben für ihn erledigen. Ich war glücklich, wenn ich in die Schule ging. Ich glaube, er spürte, dass etwas in unserer Familie nicht in Ordnung war. Eines Morgens schlief ich fast an meinem Schreibtisch ein. Er ließ mich am Ende der Schulstunde zu sich kommen und fragte mich, warum ich so müde sei. Nach langem Zögern und auf sein Nachfragen hin erzählte ich ihm, dass ich nachts habe aufstehen müssen, um Alkohol zu holen. Er schrieb daraufhin einen Brief an meine Eltern, in dem er sie zu einem Gespräch bat, und es blieb nicht sein einziger. Aber sie kamen nie.

Als ich mit vierzehn Jahren zu einer Blinddarmoperation ins Krankenhaus musste, sehnte ich mich so nach der Schule, dass ich mich nach meiner Entlassung sofort dorthin aufmachte. Ich war jedoch noch so schwach, dass ich auf halbem Weg umkehren musste.

Unsere Oma, die Mutter meines Vaters, die bei uns lebte, war eine sehr gläubige Katholikin. Jeden Sonntag ging sie in die Kirche, ab und an ging ich mit. Obwohl sie sehr liebevoll war, hörten wir oft von ihr, dass die Strafe Gottes für böse Kinder furchtbar sei. Manchmal musste sie auch mit uns schimpfen. Dann hörten wir häufig den Satz: »Zum Deichert mit euch!« Deichert war das Wort für den Teufel. So lernte ich, in Angst vor Gott zu leben und wünschte mir, dass es ihn nicht gäbe. Da Gott doch viel größer und stärker war als mein Vater, würde er mich bestimmt auch viel schlimmer bestrafen, als mein Vater es tat. »Zu Hause bin ich der liebe Gott«, waren häufig Vaters Worte. So lernte ich, Gott und seine ewige Strafe zu fürchten.

In meinem Elternhaus erlebte ich also ständig Ungeduld, Missachtung und Respektlosigkeiten. Ich bekam nichts anderes zu hören als unschöne Dinge – kein Lob, niemals. Kein: »Das hast du gut gemacht« oder Ähnliches. Ich machte einfach nie etwas gut. Wie deutlich wird hier, dass ich überhaupt keine Möglichkeit hatte, etwas anderes von mir zu denken, als sie mir sagten. Ich *musste* den Erwachsenen doch glauben! Ich liebte sie und vertraute ihnen und wünschte mir nichts sehnlicher, als dass sie mich auch liebten.

Damals war ich ein Kind ohne Orientierung, ein trauriges Kind. Das Einzige, was ich genau wusste, war, dass ich schlecht und böse war. So hatte ich es gelernt. Ich konnte dieses Schlechtsein nur abmildern, wenn ich gehorsam war und widerspruchslos tat, was man von mir verlangte. So gaben mir Gehorchen, Leiden und Dienen meine Lebensberechtigung. Alle anderen Gefühle verschloss ich in meinem Inneren.

Als ich fünfzehn Jahre alt war, zogen wir in ein kleines Reihenhaus um. Horst war gerade drei Jahre alt und der Liebling unserer Mutter. Sie verzog ihn nach Strich und Faden. Mein Vater war inzwischen schwerer Alkoholiker. Er trank nicht jeden Tag, aber es gab Tage, an denen er vierundzwanzig Stunden durchsoff. Es hatte sich nichts geändert: Er trank, Mutti bekam Schläge, und eines Tages zog Oma aus. Sie hielt es bei uns einfach nicht mehr aus.

Im Jahr 1958 begann ich eine Lehre als Stenokontoristin. Im ersten Jahr bekam ich fünfzig D-Mark Lehrlingsgehalt. Davon gab ich dreißig zu Hause ab – das war mein Beitrag zu unserem Lebensunterhalt.

Unser Vater begann, uns in seiner Trunkenheit von Jungen zu erzählen, vor denen wir uns hüten sollten. Sie würden sich bei uns nur »abrotzen« wollen. Ich wusste nicht viel über Sex, nur, dass es etwas Schmutziges war und Mädchen, die es vor der Ehe taten, Huren waren. Erst mit vierzehn Jahren erfuhr ich, dass die Kinder aus der Scheide der Frau herauskamen. Bis dahin hatte ich geglaubt, dass sie aus dem Bauchnabel kämen.
Mit siebzehn durfte ich zum ersten Mal mit einer Freundin, deren Eltern mit meinen befreundet waren, zum Tanzen, musste aber um zehn Uhr abends wieder zu Hause sein. Ich fand es schön, mit anderen Freundinnen zusammen zu sein. Es gab

auch Jungen, denen ich sichtlich gefiel. Hier lernte ich tanzen und fühlte mich wohl dabei.

Mein Vater war jedoch immer präsent. Wenn wir bei Freunden oder zum Tanzen waren, mussten Ulla und ich stets damit rechnen, dass der Vater betrunken erschien und uns nach Hause zitierte. Wie oft schämten wir uns für ihn! Einige Male versteckten Ulla und ich uns in der Toilette des Tanzlokals, wenn Freunde uns warnten, dass der Vater im Anmarsch sei.

Hier und da küsste ich einen Jungen, aber mehr ließ ich nicht zu. Es gab da einen jungen Mann, der sich sehr für mich interessierte und mich geradezu verfolgte. Irgendwie hatte ich Angst vor ihm, und doch war er es, mit dem ich mich einließ. Ich weiß nicht mehr, ob es überhaupt zum Vollzug des Geschlechtsakts gekommen ist, weil ich weinte und furchtbare Schmerzen hatte. Ich schämte mich zu Tode, wollte so etwas nie mehr erleben und diesem Menschen nicht wieder begegnen. Ich konnte nicht verstehen, was meine Freundinnen so schön an dieser Sache fanden.

Ich ließ keinen Jungen mehr näher an mich heran, bis ich Manfred kennen lernte. Es war in einem Tanzlokal in Hamburg. Er war bei der Bundeswehr und leistete seinen Wehrdienst ab. Zum ersten Mal in meinem Leben war ich verliebt. Ich hatte Schmetterlinge im Bauch und wartete ungeduldig auf ihn, wenn wir verabredet waren. Eigentlich hätte ich damals, wenn ich wieder einmal vergeblich auf ihn wartete, schon spüren müssen, dass er mich oft belog. Aber es war so ein wunderbares Gefühl, verliebt zu sein. Ich glaubte, meinen Traumprinzen gefunden zu haben, der mich eines Tages aus meinem Elternhaus herausholen, mich heiraten und glücklich machen würde.

Natürlich wollte er auch Sex. Ich wusste, dass das alle Männer wollten. Aber ich hatte Angst, dass er mich verlassen würde, wenn ich nicht mit ihm schlief, und tat es ihm zuliebe. Ich fand es schrecklich. Küssen war schön, aber das andere mochte ich nicht. Er bewegte sich auf mir, und ich dachte nur: »Hoffentlich ist es bald vorbei!«

Einige Zeit später musste Manfred ins Bundeswehrlazarett. Bei einem meiner Besuche sprach sein Bettnachbar mich an und riet mir: »Lassen Sie die Finger von ihm! Er benutzt Sie nur. Er hat in Pinneberg eine feste Freundin.« Ich wollte es nicht glauben. Nach Manfreds Entlassung besuchte ich ihn zu Hause, und dort erklärte er mir, dass es aus sei zwischen uns. Wieder einmal hatte ich die Bestätigung: Ich war nicht liebenswert. Wieder einmal wollte ich am liebsten tot sein.

Drei Monate später wusste ich, dass ich ein Kind von Manfred erwartete. Ich fuhr noch einmal zu ihm, um es ihm zu sagen.

Aber er wollte nichts mehr mit mir zu tun haben. Er sagte, er hätte seit langem eine feste Freundin und die sei ihm wichtiger als ich. Er hege keine wirklichen Gefühle für mich. Es war ganz nett mit mir, aber nun sei es halt zu Ende. Erst vor kurzer Zeit erfuhr ich von Ulla, dass er sich während der Zeit mit mir auch an sie »heranmachen« wollte. Sie lehnte ab, erzählte es mir aber nicht, um mich nicht zu verletzen. Auf dem Rückweg dachte ich daran, wie einfach doch alles wäre, wenn ich mich auf die Gleise der U-Bahn fallen ließe und tot wäre. Es war ja doch niemand da, dem ich etwas bedeutete, und so war es doch egal, ob ich lebte oder tot war. Wie viele Tode war ich eigentlich in meinem jungen Leben schon gestorben? Ich war verzweifelt. Was sollte aus mir werden mit einem Kind, wohin konnte ich gehen, wo wohnen? Ich versuchte abzutreiben. Trank irgendwelche Tees, von denen es hieß, sie würden helfen, und versuchte einen Arzt zu überzeugen, eine Abtreibung bei mir vorzunehmen. Gott sei Dank, dass es mir nicht gelang!

Meine Eltern durften auf keinen Fall von meiner Schwangerschaft erfahren. Also schnürte ich meinen Bauch ein, und die Eltern merkten nichts – oder wollten nichts merken. Es waren furchtbare Monate, Monate, in denen ich oft lieber tot gewesen wäre. Tage und Wochen totaler Einsamkeit und Verlassenheit. Ich konnte mich niemandem anvertrauen.

Im September 1961 heiratete meine Schwester Ulla – mit siebzehn Jahren. Sie war in Schwerin bei meiner Tante gewesen und hatte dort Reiner kennen gelernt. Schon bei ihrem ersten sexuellen Kontakt mit ihm war sie schwanger geworden. Ulla war die Einzige, die von meiner Schwangerschaft wusste. Ich beneidete sie um das Glück, das sie erlebte: Sie hatte einen Mann an ihrer Seite, sie wurde behütet und verwöhnt. Ich dagegen musste meine Schwangerschaft verbergen. Wie oft lief mir das Wasser im Mund zusammen, wenn ihr wieder etwas besonders Leckeres mitgebracht wurde!
Ulla war eben liebenswert, ich nicht.

In der Zeit der Schwangerschaft litt ich wie ein Hund. Ich war allein mit mir und wusste eigentlich gar nicht wirklich, was mit mir geschah. Ich glaube, ich verdrängte die Schwangerschaft bis zur Geburt meiner Tochter Angelika. Ich hatte eine schwere Entbindung und rief verzweifelt nach meiner Mutter. Bei mir war eine brutale Hebamme, die, wenn ich während der Wehen schrie, nur zu mir sagte: »So leicht, wie es reingeht, kommt es nicht wieder raus!«
Ich liebte meine kleine Tochter sofort. Sie hatte dunkle Haare und bereits einen Zahn.

Meine Eltern waren natürlich schockiert. 1962 war es eben eine Schande, ein Kind zu bekommen, ohne einen Mann dazu zu haben. Ich hatte ein wenig Geld zurückgelegt, und meine Eltern kauften eine Babyausstattung und ein kleines Bettchen. Vor einigen Jahren erzählte mir Christa, dass mein Vater weinend im Wohnzimmer gesessen habe. Er weinte meinetwegen, weil ich die ganze Zeit meiner Schwangerschaft allein gewesen war.

Ich kam wieder nach Hause mit meiner kleinen Tochter. Es war während der großen Sturmflut 1962, ich war neunzehn Jahre alt. Manfred besuchte mich ein Mal, um seine Tochter zu sehen. Er sagte, sie habe seine Füße. Danach bestritt er die Vaterschaft und bestand auf einem erbbiologischen Gutachten. Erst als damit die Vaterschaft bestätigt war, zahlte er Unterhalt für Angelika. Ich sah ihn nie wieder.

Inzwischen arbeitete ich in einer kleinen Eisdiele in der Nähe unserer Wohnung. Dort verdiente ich gut und hatte nur ein paar Minuten Heimweg. Tagsüber versorgten meine Mutter und Großmutter meine Tochter. Ich liebte die Kleine sehr, aber trotzdem war in mir keine Fröhlichkeit, keine Lebensfreude. Bestätigte Manfred, indem er mich verließ, mir nicht wieder, dass ich nicht liebenswert war? Auch meine Eltern hatten wohl Recht mit dem, was sie zu mir sagten: Ich war nicht gut, ich hatte doch vor der Ehe Sex gehabt. Ich wusste, dass über mich getuschelt wurde. Die Moralvorstellungen in den Sechzigern waren verlogen: Jeder wusste, dass vorehelicher Sex in einer Beziehung üblich war, aber ein uneheliches Kind? Wie verwerflich! Zum Glück hatte ich ein paar gute Freunde, die alle zu mir hielten. Für meine Clique war ich dieselbe liebenswerte Jutta geblieben. Ich war eine hübsche junge Frau, und es gab einige junge Männer, die mich auch mit meiner Tochter genommen hätten, doch ich wollte nie wieder einen Mann in meiner Nähe haben. Ich war meine eigene Gefangene – schlecht, böse, nicht liebenswert.

Mein Vater beschimpfte uns Mädchen immer mit solchen und anderen Ausdrücken, indem er sie auf eine Klorolle schrieb und diese aus dem Badezimmer heraushängen ließ. Dann wartete er betrunken mit einem Eimer voll heißem Wasser, das er über uns ausschütten wollte, wenn eine von uns nach Hause kam. Mutti konnte das jedes Mal verhindern, oder er schlief vorher ein. Mitunter verrammelte er die Tür mit Stühlen, um uns auszuschließen, und Mutti bekam die Schläge ab, die er uns zugedacht hatte. Sie stellte sich vor uns, wenn er auf uns losging. Oft drohte er mir auch, mich mit meiner Tochter auf die Straße zu setzen, wenn ich nicht parierte. Inzwischen kannte fast die ganze Nachbarschaft unseren Vater.

In der Eisdiele lernte ich Werner kennen. Er fiel mir durch seinen starken Berliner Dialekt auf. Ich bemerkte sein Interesse an mir durchaus, doch ich wollte keinen Mann mehr näher kennen lernen. Aber Werner gab nicht auf. Er wusste, dass ich eine kleine Tochter hatte, und bemühte sich vorsichtig und liebevoll um mich. Er war sehr lebendig, witzig und präsent. Langsam begann ich ihm zu vertrauen. Ich erlebte ein Gefühl von Geborgenheit bei ihm, und er liebte ganz offensichtlich meine Tochter. Das war der Moment, an dem ich mich in ihn verliebte. Irgendwann sprach er von Hochzeit. Trotzdem musste er einige Monate warten, bis ich das erste Mal mit ihm schlief. Wir heirateten im Oktober 1962. Einige Freunde waren im Haus meiner Eltern zu Gast, und es dauerte nicht lange, bis mein Vater betrunken war und uns mitsamt den Gästen aus dem Haus warf.

Nach der Hochzeit wohnten wir bei einer Freundin meiner Mutter, die uns ein großes Zimmer vermietete. Was nun folgte, war für mich manchmal nur schwer zu ertragen. Meine

Großmutter hatte mir gesagt, wenn ich verheiratet sei, müsse ich meinem Mann »immer zu Willen sein«. Aber ich hasste die Dinge, die er mit mir tat, und ertrug sie nur, um ihn nicht zu verlieren.

Im September 1963 kam meine Tochter Kirsten zur Welt. Wir wohnten immer noch in einem Zimmer. Ein halbes Jahr später bezogen wir ein kleines Gartenhaus. Ich war wieder schwanger, aber ich wollte kein weiteres Kind, ich wollte nicht das Leben meiner Mutter leben, und meine Kinder sollten niemals solch eine Kindheit haben müssen wie ich. Ich trieb ab bei einem so genannten Pfuscher.

In dieser Zeit lernte ich einen Werner kennen, wie ich ihn mir weder erträumt noch gewünscht hatte: Er begann, seine Macht auszuüben. Er sprach mit mir nur, wenn er Lust hatte. Wenn er mich quälen und verletzen wollte, strafte er mich mit Nichtachtung und Schweigen. Ich litt und versuchte so zu sein, wie ich glaubte sein zu müssen. Ich wiederholte also dasselbe Verhalten, wie ich es zu Hause gelebt hatte. Ich wollte gut sein, liebenswert. Ich glaube, ich hasste mich schon damals dafür, niemals so sein zu können, wie man mich haben wollte. Anderthalb Jahre später zogen wir in eine Zweieinhalbzimmerwohnung. Die Besitzer hatten das Gartenhaus verkauft und uns dafür die Wohnung besorgt.

Mein Zusammenleben mit Werner war wie Zuckerbrot und Peitsche, ich war seiner Launenhaftigkeit völlig ausgeliefert. Mal war er lieb zu mir, um dann ganz unerwartet kein Wort mehr mit mir zu sprechen. Das konnte Tage währen, mitunter sogar zwei bis drei Wochen. Ich bettelte, ich flehte und erniedrigte mich, damit er nur wieder gut mit mir war. Ich verzweifelte an mir: Warum konnte ich nicht so sein, wie er mich haben wollte? Ich versuchte alles, ihn zufrieden zu stellen, doch ich erlebte hier dasselbe, was ich von zu Hause kannte: Ich konnte mich noch so sehr bemühen, ich machte ihm nichts recht. Ich war einfach eine Versagerin. Dann gab es wieder gute Tage, und vor allem liebte er die beiden Kinder. Allein deshalb ertrug ich seine Demütigungen und Verletzungen, seine Missachtung und seine Macht über mich.

Der Raum hinter meiner inneren Tür füllte sich mit Demütigungen. Ich schob alles, was ich nicht ertragen konnte, hinter diese Tür und lebte einfach so weiter. Ich war Werner schon dankbar, dass er nicht laut wurde und keine gemeinen Worte gebrauchte. Er brachte seine Missachtung und Wut mit verbalen Schlägen zum Ausdruck, die aber deshalb nicht weniger schlimm waren.

Eines Abends, es war schon spät, schleifte Werner mich an den Haaren die Treppe herunter und sagte nur: »Ich bring dich dahin zurück, wo ich dich hergeholt habe!« Oh Gott, nicht dorthin zurück! Ich weinte und flehte ihn an, mich in die Wohnung zu lassen. Schließlich erlaubte er mir, wieder hereinzukommen.


Werner arbeitete viel und verdiente als Eisenflechter gut. Wir bezogen eine größere Wohnung mit drei Zimmern. Angelika kam in die Schule, Kirsten ging für vier Stunden in den Kindergarten, und ich bekam in einem Großmarkt direkt gegenüber einen Job für vier Stunden täglich. Es war eine gute Zeit. Angelika kam nach Schulschluss zu mir ins Büro, und wir holten gemeinsam Kirsten vom Kindergarten ab.

Die Mädchen entwickelten sich prächtig, sie waren mein Ein und Alles. Mit ihnen konnte ich lachen, Spaß machen und albern sein. Sie entschädigten mich für alles Leid. Die Kinder hingen mit großer Liebe auch an ihrem Vater. Er war zwar kein zärtlicher Vater, dennoch spürten sie seine Liebe. Für die Kinder war ihm nichts zu teuer oder zu viel, aber auch mir fehlte es nicht an materiellen Dingen.

Werner überließ mir weitgehend die Erziehung. Wenn ich schon kein Selbstwertgefühl hatte, so versuchte ich es wenigstens den Kindern zu vermitteln. Ich sagte ihnen oft, dass wir sie liebten und dass sie richtig seien, so wie sie waren. Die Kinder vertrauten uns. An den Wochenenden kuschelten wir zusammen im Bett, ich las ihnen Geschichten vor, sie kämmten ihrem Vater die Haare, und manchmal durften sie ihm sogar ein paar kleine Strähnen abschneiden.

Die Kinder waren auch gern bei meinen Eltern, mein Vater liebte seine Enkelkinder. War das Haus voller Kinder, fragte er jedes, was es essen wolle, und jedes bekam, was es sich wünschte. Nur Widerspruch duldete er nicht. Eines Tages, Angelika war zwölf Jahre alt, waren wir bei meinen Eltern zu Besuch. Angelika machte am Esszimmertisch ihre Schularbeiten. Meine Eltern lagen auf der Couch, Mutti auf der kleinen und mein Vater auf der größeren Seite. An seiner Seite stand eine Lampe, und er sagte zu meiner Mutter, sie solle das Licht anmachen. Angelika beobachtete das und fragte ganz verwundert: »Opa, warum muss Oma aufstehen, wenn du nur deine Hand ausstrecken musst, um das Licht anzuknipsen?« Mein Vater wurde böse, fuhr ihr über den Mund und sagte zu mir: »Du wirst noch dein blaues Wunder erleben mit deiner großkotzigen Erziehung!« Heute wünsche ich mir mitunter, er könnte sehen, was aus meiner »großkotzigen Erziehung« geworden ist.

Im Lauf der Jahre veränderte sich meine Sexualität: Dass ich keine unbefriedigte, frigide Frau wurde und blieb, verdanke ich Werner. Er war kein zärtlicher Mann, aber immer bemüht, auch mich zufrieden zu stellen. Trotzdem war ich verklemmt, mochte mich am liebsten nur im Dunkeln ausziehen und schämte mich innerlich, wenn ich sexuelle Befriedigung verspürte. Wie konnte ich bei so etwas Schmutzigem so etwas empfinden? War das nicht ein Zeichen meiner Schlechtigkeit? Wieder fühlte ich mich schuldig. Werner hatte Macht über mich, das wusste er genau. Er liebte mich und bestrafte mich, je nach Laune. Ich ertrug es für meine Kinder.

Ich versuchte glücklich zu sein. Ich hatte doch eine Familie, es ging uns finanziell gut, und wenn Werner seine Gefühle nicht zeigen konnte oder mich wieder mit Missachtung strafte – sollte ich nicht dankbar sein, überhaupt einen Mann zu haben? Bei meiner Schlechtigkeit hatte ich das doch eigentlich gar nicht verdient. Ich lebte dieses Leben in einer inneren Traurigkeit, war wütend auf mich, weil ich nicht glücklich war, und hasste mich dafür, dass ich so war, wie ich war.

Natürlich gab es auch schöne Zeiten. Wir hatten einen netten Freundeskreis, flogen in Urlaub, unser Haus stand auch den Freunden unserer Kinder offen, und wir waren für sie da, wenn sie uns brauchten. Ich versuchte, den Mädchen all das zu geben, was ich in meiner Kindheit vermisst hatte: Liebe, Zärtlichkeiten, Zuversicht und Freiheit.

Ich erinnere mich gern an die Diskussionen, welche wir führten, wenn wir an den Wochenenden alle gemeinsam frühstückten. Die Kinder sagten ihre Meinung, und während ich dies schreibe, muss ich lachen, wenn ich daran denke, wie heftig unsere Diskussionen später wurden, als die Mädchen größer waren.

Für meine Töchter war ich stark. Sie gaben mir so viel zurück, sie liebten mich bedingungslos und vertrauten mir. Ich hatte viel Freude mit ihnen, und wir machten manchen Blödsinn. Vielleicht war ich mit ihnen zusammen noch einmal Kind.

Während eines gemeinsamen Urlaubs betrog Werner mich zum ersten Mal. Wir waren mit den Kindern, meiner Schwester, ihrem Mann und ihrer Tochter nach Bulgarien geflogen. Eines Abends in einer Bar beobachtete ich, dass Werner mit einer Frau flirtete. Sie machte ihn offensichtlich an. Ich war wütend und sagte zu ihm: »Versuch doch dein Glück bei dieser Dame, du kannst ja sagen, ich sei deine Schwester!« Anschließend verließ ich das Lokal und wartete draußen. Eine Weile später kam er tatsächlich mit ihr heraus. Sie gingen gemeinsam weiter in eine Diskothek. Ich folgte ihnen und setzte mich, für die beiden nicht sichtbar, so, dass ich sie im Auge hatte, und erlebte meinen Mann, wie ich ihn mir immer gewünscht hatte: aufmerksam, liebevoll und von dieser Frau sichtlich hingerissen. Ich wollte nicht glauben, was ich da sah, wollte nicht glauben, dass mein Mann im Stande war, mich zu betrügen. Ich glaubte immer noch, er würde sich irgendwann von ihr verabschieden und in unser Hotel kommen. Aber es kam anders. Spät in der Nacht gingen sie zusammen in das Hotel der Frau. Ich war ihnen bis dorthin gefolgt.

Werner kam erst am Mittag des nächsten Tages zurück. Ich war gerade mit der Familie meiner Schwester und den Kindern am Strand, ging aber mit ihm zurück ins Hotel, um ihn zur Rede zu stellen. Er wollte jedoch mit mir ins Bett. Welch eine Missachtung meiner Person! Ich war für ihn einfach nichts wert. Aber diesmal weigerte ich mich, mit ihm zu schlafen, und er sprach die restliche Zeit des Urlaubs kein Wort mehr mit mir.

Zu Hause hatten wir eine heftige Auseinandersetzung. Während ich diese Episode beschreibe, bin ich über mich selbst sehr verwundert: War ich wirklich so nichtswürdig, hielt ich mich für so wertlos? Heute kann ich es kaum glauben, dass ich es war, die solche Missachtung und Demütigung erduldete.

Ich vergab ihm. Einige Wochen später bat er mich, mit mir in ein Kaufhaus zu gehen, er wolle Kleiderstoff kaufen. Ich dachte: »Gut, er möchte dir sicher eine Freude machen«, und suchte drei schöne Stoffe aus. Zu Hause angekommen, begann er jedoch, den Stoff als Paket zu verpacken. Ich fragte ihn, wohin das Paket gehen solle, und wer es bekomme. Er grinste und sagte: »Das geht an Eva Vanatora in die Tschechei« – die Frau, die er in Bulgarien kennen gelernt hatte! Ich war fassungslos. Wie konnte er mir das antun? Waren all die anderen Vorfälle nicht schon Demütigung genug? Musste er mich noch mehr quälen? Und warum ließ ich es geschehen?

Einige Monate später, es war zu Ostern, sagte Werner mir, dass er ein paar Tage allein mit dem Auto in Urlaub fahren wolle. Ich fand es ganz natürlich, ich fuhr mit meinen Freundinnen ja auch einmal im Jahr für eine Woche weg. In den sechs Wochen vor seine Abreise versuchte ich ihm beim Aussuchen eines Urlaubsziels zu helfen. Ich fragte in Reisebüros und sah in Zeitungen nach. Kurz vor seiner Abreise sagte er dann, er werde »ins Blaue fahren«. Er reiste ab, und ich fuhr mit den Kindern zu meiner Cousine nach Schwerin. Werner und ich hatten abgesprochen, dass wir beide Ostermontag zurück sein würden. Aber schon während der Zugfahrt fühlte ich, dass er sich mit dieser Frau aus Tschechien treffen würde. Und ich sollte Recht behalten.

Ich war mit den Kindern wieder zu Hause. Kein Werner am Ostermontag. Er hatte sich auch nicht gemeldet, und ich war in großer Sorge. Am Dienstagmittag sah ich ihn auf den Parkplatz fahren. Als er zur Tür hereinkam, forderte ich ihn auf: »Gib mir deinen Pass.« Er reichte ihn mir, und ich sah prompt den Einreisestempel der Tschechei.

Weitere Frauengeschichten folgten. Ich vergab ihm immer und immer wieder. Dann versuchte ich, es ihm heimzuzahlen, und wollte ihn auch betrügen. Ich hätte es tun können, es gab einige Männer, die es gern mit mir getan hätten, aber ich brachte es nicht fertig. Sobald mir ein Mann zu nahe kam, ergriff ich die Flucht.

Ich betrog Werner das erste Mal während eines Urlaubs mit Freundinnen in Spanien. Ich war sechsunddreißig und lernte einen Spanier kennen, der offensichtlich fasziniert von mir war. Wir verbrachten ein paar schöne Tage und Nächte miteinander. Ich genoss seine sichtliche Verliebtheit, seine Bewunderung, und er gab mir mein Selbstbewusstsein als Frau zurück. Küssen fand ich schön, den Sex hätte ich mir gern erspart.

Jedes Mal, wenn ich nach so einer Nacht am nächsten Tag erwachte, dachte ich, die Welt müsse sich verändert haben, weil ich mit einem anderen als meinem Mann geschlafen hatte. Aber die Welt hatte sich nicht verändert.

Ich sah ihn in den folgenden Jahren, wenn ich mit Freundinnen in Spanien war, immer wieder. Noch nie hatte ich erlebt, dass ein Mann so hingerissen von mir war, und genoss es. Als ich jedoch erfuhr, dass er verheiratet war, beendete ich das Verhältnis. Meiner Tochter erzählte er später einmal, ich sei seine große Liebe gewesen.

Ich lebte weiter in einer Ehe, in der wenig Liebe, Machtmissbrauch, Demütigungen und Verletzungen an der Tagesordnung waren. Ich begann zu viel zu trinken. Manchmal kam ich schon angeschickert nach Hause oder trank auf Feiern einfach mehr, als ich vertrug. Ich empfand es als ganz angenehm, war ich doch lockerer unter Alkohol, lustiger und viel gesprächiger. Wenn ich nach solchen Feiern wieder nüchtern war, hatte ich regelmäßig einen entsetzlichen Katzenjammer. Eines Tages fiel mir auf, an welchem Abgrund ich mich bewegte, und hörte auf zu trinken. Heute trinke ich nicht einmal mehr ein Glas Wein, weil ich den Geschmack von Alkohol nicht mag.

Im Jahr 1975 kündigte ich meine Stelle in dem Großmarkt und begann eine Fortbildung zur Bürokauffrau. Es war eine sehr anstrengende Zeit. Ich musste viel lernen, hatte den Haushalt und die Kinder zu versorgen und keinerlei Hilfe von meinem Mann.

Kurz vor der Abschlussprüfung musste ich ins Krankenhaus, um mich einer Unterleibsoperation zu unterziehen. Die Schulkollegen brachten mir das Lernmaterial in die Klinik, damit ich auf dem Laufenden blieb. Erst vierzehn Tage vor der Prüfung kam ich aus dem Krankenhaus und glaubte nicht daran, dass ich die Prüfung vor der Handelskammer bestehen würde – so ging es mir übrigens bei jeder anderen Prüfung, die ich später noch hatte. Trotzdem nahm ich teil. Ich war von der Operation noch ziemlich geschwächt, und mein Lehrer, der während der Prüfungsarbeiten im Raum war, sagte mir später, er habe mich ständig im Auge behalten, weil er Angst hatte, dass ich ohnmächtig würde, so entsetzlich blass hätte ich ausgesehen.

Nachdem ich die mündliche Prüfung hinter mir hatte, brach ich in Tränen aus. Ich glaubte, ich hätte versagt. Ich konnte nicht an mich glauben, traute mir nicht zu, dass ich bestehen könnte. Aber ich schloss mit einem guten Ergebnis ab und nahm unter Tränen der Erleichterung und der Freude meinen Gesellenbrief in Empfang.

Glücklich, weinend und lachend zugleich kam ich nach Hause und wollte Werner in die Arme fallen – ich hatte mir ansonsten spontane Zärtlichkeiten schon weitgehend abgewöhnt. Er aber stand mit ausgestreckten, abwehrbereiten Händen da. Ich glaube, er hat sich in dem Moment gewünscht, ich hätte nicht bestanden. Dass ich stärker war als er, das wusste er sicherlich damals schon.

Dann rief ich meinen Vater an, um ihm das Ergebnis mitzuteilen. Er sagte nur: »Das hättest du schon vor zehn Jahren haben können.« Ich legte auf und dachte: »Warum hoffe ich eigentlich noch immer auf ein Lob von meinem Vater? Ich bin Mutter und vierunddreißig Jahre alt!« Von nun an versuchte ich, nicht mehr auf ein Lob von ihm zu warten. Allerdings bekam ich doch noch eines, das einzige, an das ich mich überhaupt erinnere: Als ich einmal allein für vierundzwanzig Gäste kochte, war das selbst meinem Vater ein Lob wert.

Drei Jahre später, im Jahr 1978, begann ich meine Arbeit im öffentlichen Dienst. Ich hatte einen Test machen müssen, und zwei Wochen später nahm ich ein Stellenangebot des Finanzamts in Hamburg an. Ich musste jetzt ganztags arbeiten und wusste, dass die Trennung von Werner bevorstand.

Ich war sehr unglücklich in diesem Finanzamt. Ein Jahr später wechselte ich ins Wohnungsamt, wo ich fast zwanzig Jahre, bis zu meiner Frühverrentung, arbeitete. Dort bearbeitete ich die Anträge von Wohnungssuchenden und hatte viel mit Menschen zu tun. Während der letzten drei Jahre vor meiner Erkrankung war ich in der Wohnungsvergabe tätig. Die Arbeit war anstrengend, aber ich liebte sie und schätzte meine Kollegen und meinen Chef.

Ich beriet viele Menschen verschiedener Nationalitäten, darunter Aussiedler aus Russland und Polen, die kaum Deutsch sprachen, und viele, die keine Aussicht auf eine Wohnung hatten und darüber schier verzweifelten.

Anfang der neunziger Jahre herrschte ja eine besonders prekäre Lage auf dem Wohnungsmarkt. Ich habe viele traurige Schicksale erlebt, viele verzweifelte Familien, die in Hotels und anderen Notunterkünften untergebracht waren.

Meine Töchter waren inzwischen in einem Alter, in dem sie viel außer Haus waren. Angelika ging auf die Fremdsprachenschule und danach für einige Zeit an die Universität nach Malaga, um ihr Spanisch zu vervollständigen. Sie wurde Reiseleiterin bei einem großen Touristikunternehmen. Kirsten begann nach der mittleren Reife eine Ausbildung zur Rechtsanwaltsgehilfin.

In den vergangenen Jahren hatten die Kinder einiges miterleben müssen. Aber ihr Rüstzeug für ein selbstverantwortliches Leben hatten sie von uns mitbekommen.

Werner und ich lebten nebeneinander her. Wir sprachen kaum miteinander und ich funktionierte wie bisher. 1980 ließen wir uns scheiden.

In mir war Traurigkeit, aber auch Erleichterung. In so einer Ehe wollte ich nicht mehr leben. Meine Kraft, diese aufrecht zu erhalten, war zu Ende.

Ich begann, mich in meiner Freiheit wohlzufühlen, traf mich mit Freundinnen und genoss meine Abende ohne einen Mann, der schon auf dem Sofa saß und auf sein Essen wartete, wenn ich aus dem Dienst erschöpft nach Hause kam. Ich kaufte mir einen gebrauchten VW Käfer und freute mich über mein eigenes kleines Auto.

Werner ließ mich nicht in Ruhe. Sobald er merkte, dass ich begann, mich von ihm abzunabeln, war er wieder da, mit Versprechungen, Liebesbezeugungen und Bitten. Ich ging zu ihm zurück, zurück in die Falle. Es ging eine Zeit lang recht gut, solange er sich zusammenreißen konnte, aber dann begann das

Spiel von vorn. Irgendwann begriff ich, dass Werner Alkoholiker war. Nach einem Magendurchbruch, an dem er fast gestorben wäre, verordneten ihm die Ärzte einen Alkoholentzug. Doch schon während der Kur begann er wieder Wein zu trinken, und auch dieses Spiel ging weiter wie gehabt.

1982 heiratete ich ihn noch ein zweites Mal, obwohl ich wusste, dass es wieder nicht gut gehen würde. Aber ich hatte Angst vor dem Alleinsein.

Später habe ich mich oft gefragt, was mich immer wieder zu Werner zurückkehren ließ. War es das unbewusste Verlangen nach schlechter Behandlung? Musste ich mir mit seinen Demütigungen bestätigen, dass mein Vater mit seinen Worten und Taten mir gegenüber Recht gehabt hatte? War es so, dass ich nur, wenn ich gedemütigt und verletzt wurde, eine Lebensberechtigung zu haben glaubte? Meinte ich, damit meine vermeintliche Schuld, mein Schlechtsein, meine Nichtswürdigkeit sühnen zu können? Ich durfte nicht glücklich sein, und war ich es dennoch, dann durfte ich nicht leben.

Ich lebte in einer Hölle. Es gab eine Seite in mir, die versuchte, mich zu zerstören, und eine, die versuchte zu leben. Wenn ich Recht gehabt hätte mit meiner Überzeugung, dass ich gut und richtig war, dann hätte ich ja meinen übermächtigen Vater Lügen gestraft. Doch zu dem damaligen Zeitpunkt war ich in meiner Entwicklung noch nicht so weit, diese Zusammenhänge zu erkennen.

Im Jahr 1979 starb mein Vater. Drei Jahre vorher wurde er wegen einer fortgeschrittenen Leberzirrhose berentet. In der Zeit, als er trocken war, lernte ich einen Vater kennen, der gepflegt daherkam. Jedes seiner sieben Enkelkinder bekam monatlich zehn Mark Taschengeld von ihm – großzügig war er ja immer schon gewesen. Aber dann begann er wieder zu trinken. Er wusste, dass er sterben würde. Er hat sich buchstäblich zu Tode getrunken, seine Leber löste sich auf.

An diese Zeit erinnere ich mich mit Wehmut. Er wartete jeden Tag am Krankenhauseingang auf mich und meine Schwester Christa. Kamen wir etwas später, als er es gewohnt war, sagte er zu meiner Mutter: »Na, heute kommen die Mädchen wohl nicht!« Er freute sich sichtlich, wenn wir dann doch kamen. Bei einem dieser Besuche gab er mir und Christa hundert Mark und sagte: »Im Krankenhaus brauche ich ja kein Geld.« Drei Tage vor meinem vierunddreißigsten Geburtstag schlief er ohne Schmerzen ein.

Meine Mutter begann nach dem Tod des Vaters regelrecht aufzuleben und versuchte, vieles von dem nachzuholen, was sie versäumt hatte. Sie hatte später einen Freund, mit dem sie viele Reisen unternahm, und freute sich ihres Lebens.


In all den Jahren meiner Ehe kümmerte ich mich nicht nur um meine eigene Familie, sondern auch um meine Mutter, meine Großmutter und um einen Teil meiner Geschwister und deren Probleme.

Meiner Großmutter zu helfen war für mich eine Selbstverständlichkeit, denn sie war auch für mich immer da gewesen, wenn ich sie brauchte. Ich liebte sie, als sei sie meine eigene Mutter. Meine Omi war eine sehr wichtige Person in meinem Leben, und ich frage mich, was aus mir geworden wäre, wenn wir sie nicht gehabt hätten. Neben meiner Berufstätigkeit und meiner belastenden Ehe kochte ich für sie vor, wusch ihre Wäsche und kaufte für sie ein. Christa und ich teilten uns diese Arbeit. Manchmal frage ich mich, woher ich damals die Kraft für all das genommen habe. Ich denke immer noch häufig an Omi und wünschte mir manchmal, sie wäre da.

In ihren beiden letzten Lebensjahren war Omi in einem Pflegeheim untergebracht, weil sie bettlägerig geworden war. Werner und ich holten sie an allen Feiertagen zu uns nach Hause. Ich versorgte sie, windelte sie und tat für sie, was ich konnte. Ich hatte jahrelang große Schuldgefühle, weil ich sie nicht ganz zu uns nehmen konnte, aber ich war ganztägig berufstätig und konnte meine Arbeit nicht aufgeben. Ich wäre dieser schweren Pflegeaufgabe auf die Dauer auch nicht gewachsen gewesen.

Als ich mich von Werner später endgültig trennte, verbrachte ich viel Zeit bei Omi. Sie erlebte ihr erstes Ur-Enkelkind noch: Kirsten war unerwartet schwanger geworden und heiratete ein halbes Jahr früher als geplant. Angelika und ich fuhren sie vor der Trauung in ihrem Brautkleid zu Omi ins Heim. Omi konnte zwar nicht mit zur Hochzeit, aber sie sah Kirsten in ihrem Kleid – es gibt davon noch ein Foto. Als ich Kirsten fünf Tage nach der Entbindung mit Benjamin abholte, fuhren wir vom Krankenhaus aus direkt zu Omi und legten ihr den kleinen Mann in die Arme. Auch meinen jetzigen Mann lernte sie noch kennen. Mit siebenundachtzig Jahren schlief sie friedlich ein.

Einige Wochen bevor sie starb, schrieb ich mein erstes Gedicht. Es war für sie.

*Für Omi*

*Gott hat die Liebe in ihr vereinigt,*
*sie wurde vom Leben oft gepeinigt.*
*Sie spricht von ihrem Sohn, von ihrem Mann,*
*sie starben alle, irgendwann.*
*In einem Krieg, der sinnlos war,*
*in dem man starb,*
*in dem man gebar.*
*Liebe Omi, die Liebe, die du uns gabst,*
*in all den Jahren,*
*in denen du bei uns warst,*
*all diese konnten wir weitergeben,*
*diese wird in unseren Kindern weiterleben.*
*Du wirst bald vor dem Herrgott stehen,*
*du wirst uns verlassen,*
*musst bald gehen.*
*All deine Lieben, die du verloren hast,*
*sie alle wirst du nun wiedersehen.*
*Gott wird dich mit offenen Armen empfangen,*
*denn du, du wirst zu Ihm gelangen.*
*Zu Ende sein wird endlich dein Schmerz*
*Und Ruhe einkehren in dein gütiges Herz.*
*Liebe Omi, bald werden wir ohne dich sein,*
*doch in unseren Herzen wirst du bleiben,*
*wir denken immer dein.*
*Nun ruh dich aus von diesem Leben,*
*du hast uns Kindern Unvergessliches gegeben.*

Deine dankbare Jutta.

Meine Töchter waren jetzt aus dem Haus, und ich hatte häufig das Gefühl, auf einer Oberfläche aus Eis zu leben, unter der sich tiefes, dunkles Wasser befand. Es gab da etwas in mir, das langsam deutlicher wurde. Ich hatte Angst, darüber nachzudenken, glaubte, dass meine Schlechtigkeit und meine Schuld an die Oberfläche kämen, wenn ich nachbohrte. Dann wüsste jeder in meiner Umgebung, dass ich gar nicht die nette, liebenswerte und warmherzige Jutta war. Man würde sich von mir abwenden und mich nicht mehr mögen. Jetzt wurde ich geschätzt in meiner Dienststelle, war Ansprechpartnerin für Drogenabhängige, liebte meine Arbeit, und meine Arbeitskollegen mochten mich. Also versuchte ich mit aller Macht, die Tür in meinem Innern, die sich zu öffnen begann, zuzuhalten.

Gott war immer wieder einmal in meinen Gedanken, und immer noch machte es mir Angst, an seine Existenz zu glauben. Die Furcht vor der Allmächtigkeit eines strafenden Gottes nahm viel Raum in meinem Inneren ein. Dennoch versuchte ich mich Ihm zu nähern, ganz vorsichtig, indem ich zu Ihm sprach, betete und über Ihn nachdachte.


Eines Morgens, Anfang der achtziger Jahre, war ich allein im Haus und frühstückte. Mit einem Mal erschrak ich furchtbar: Was war das für ein Traum gewesen in der letzten Nacht? Musste ich etwa sterben? Langsam begann ich mich zu erinnern: Ich schlief, und plötzlich hörte ich ein Geräusch, als würde ein Streichholz angezündet. In einer nicht messbaren Geschwindigkeit war das Schlafzimmer plötzlich in ein unfassbar helles Licht getaucht. In diesem Licht erschien ein Männerantlitz. Es lächelte mich liebevoll an.

In seinen Augen sah ich eine kaum zu beschreibende Liebe

und Barmherzigkeit. Noch nie zuvor hatte ich in solche Augen geblickt.

Dann sah ich seine Hand, die mich zu sich heranwinkte, so, als wolle er mir bedeuten: »Komm zu mir.«

Es wurde wieder dunkel, und dann kam das Licht noch einmal zurück. Diesmal sah ich ein Frauenantlitz, das mir zulächelte. Genauso schnell wie es gekommen war, verschwand das Licht wieder.

Wenn ich heute an diesen Traum zurückdenke, fühle ich immer wieder etwas, das ich kaum beschreiben kann. So etwas wie eine große Geborgenheit, Glück und Frieden. Es ist so wunderbar, dass ich es mir oft zurückwünsche.

Ich glaube, dass ich dieses Gefühl nur empfinden kann, wenn ich mich Gott besonders nahe fühle. Erinnere ich mich heute an diese unfassbar liebevollen Augen in dem Männerantlitz, dann denke ich an die Botschaft Jesu, der sagte: »Kommt her, ihr alle, die ihr mühselig und beladen seid, ich will euch erquicken.«

Ich erinnere mich, dass ich von dem Traum wach wurde. Ich weiß nicht, ob ich Jesus wirklich gesehen habe, aber diese Handbewegung hatte eine Aussage für mich. Ich glaubte damals, ich müsse nun sterben. Es sollten noch Jahre vergehen, bis ich verstand, was dieser Wink mir sagen wollte.

Die Angst, bald sterben zu müssen, verfolgte mich ständig. Ich sprach mit niemandem über mein Erlebnis, denn ich hatte Angst, ausgelacht oder als Spinnerin abgetan zu werden. Es dauerte einige Jahre, bis ich mit meiner Schwester Ulla und meinen Kindern darüber sprechen konnte.

Ich war neununddreißig und gerade dabei, mich wieder von Werner zu trennen, als ich Richard kennen lernte. Es war auf dem Geburtstag einer Freundin, die ich drei Jahre lang aus den Augen verloren hatte. Richard war gebürtiger Holländer. Uschi und Fred hatten ihn während eines Urlaubs auf Gran Canaria kennen gelernt, und er wurde ihr Trauzeuge.

Wir feierten recht ausgelassen. In einer Tanzpause setzte ich mich an den Tresen, hinter dem Richard die Gäste mit Getränken versorgte. Er schenkte mir etwas ein und sagte: »Was bist du nur für eine schöne Frau!« Wann hatte ich so etwas zuletzt gehört? Mein Selbstwertgefühl als Frau hatte unter Werner sehr gelitten – wenn ich überhaupt je eines gehabt hatte. Ich war etwas angeheitert und nicht mehr so schüchtern. »Den musst du dir einmal genauer ansehen«, dachte ich und tat es. Er war knapp einen Meter achtzig groß, hatte einen Vollbart und fröhliche Augen. Später tanzten wir zusammen. Ich spürte, dass er wirklich fasziniert war von mir. Den weiteren Abend verbrachten wir zusammen. Er erzählte von Holland und von sich, ich erzählte von mir. Als wir uns mit den Worten: »Bis bald im Keukenhof« verabschiedeten, glaubte ich nicht, dass ich ihn jemals wiedersehen würde.

Aber wir sahen uns schon im September auf Freds Geburtstag wieder. Zu diesem Zeitpunkt lebte ich bei meiner Freundin Gisela. Sie hatte mich, nachdem Werner mich aus dem Haus geworfen hatte, ein halbes Jahr bei sich wohnen lassen, bis ich eine eigene Wohnung gefunden hatte. Sie ist auch heute noch eine gute Freundin, ich schätze sie sehr.

Ich war verliebt. Ich spürte ein Gefühl, das ich nicht kannte, ein Gefühl von innerem Frieden, von Wärme und Geborgenheit. Diesen Mann hätte ich mir für immer gewünscht. Wir trafen uns in der Weihnachtszeit noch einmal für ein paar Tage, aber danach sollten wir uns vier Jahre lang nicht wiedersehen. Er sagte mir, dass er nicht nach Deutschland kommen könne, weil er in Ammersfort Beamter sei. Ich glaube, wir waren damals beide noch nicht so weit – er hatte eine problembeladene Beziehung, und ich hatte mich noch immer nicht wirklich von Werner gelöst.

Aber Richard ging mir nicht mehr aus dem Kopf, und ich ihm auch nicht.

Und wieder ging ich zu Werner zurück und nach kurzer Zeit begann das Spiel von neuem.

Im Juli 1986 sah ich Richard zufällig bei Uschi wieder. Es war, als hätten wir uns gestern zuletzt getroffen. An unseren Gefühlen füreinander hatte sich nichts geändert. Ich fühlte seine Blicke. Obwohl ich inzwischen eine Brille trug und meine Haare leicht ergraut waren, schien ich noch die gleiche Wirkung auf ihn zu haben. Ich spürte wieder diese Ruhe und Geborgenheit in seiner Nähe.

Es war ausgerechnet Werner, der uns endgültig zusammenbrachte. Wir saßen bei Uschi im Garten, als er mit dem Fahrrad ankam – angetrunken. Inzwischen verging kaum ein Tag, an dem er nicht trank, er war schwerer Alkoholiker geworden. Irgendwie schien er das Knistern zwischen Richard und mir zu bemerken und versuchte in einer unschönen Weise, ihn zu blamieren. Aber Richard blieb gelassen. Ich schämte mich für meinen Mann und wollte nur noch nach Hause.

Beim Abschied sagte Uschi zu mir: »Er ist doch schon wieder betrunken, komm mit uns auf den Dom!« Ich lehnte ab. Was hätte das für einen Sinn gehabt? Ich wollte nicht wieder diese alten Gefühle für Richard aufkommen lassen.

Ich fuhr mit dem Auto nach Hause. Werner saß schon wieder auf dem Sofa, eine Bierflasche vor sich. Ich wusste genau: Dieses Wochenende würde verlaufen wie jedes andere. Noch zwei, drei Flaschen Bier, dann würde er schlafen gehen. »Wollen wir nicht mit den anderen auf den Dom gehen?«, schlug ich vor. »Das wäre doch mal etwas anderes!« Der Satz, der dann von ihm kam, veränderte alles: »Hast du denn einen Rock oder ein Kleid anzuziehen?« Wieso sollte ich ausgerechnet einen Rock oder ein Kleid anziehen, um auf den Dom zu gehen? Er wusste doch ganz genau, dass ich nur zwei Kleider und einen langen Rock zum Ausgehen hatte! Ansonsten war ich Hosenträgerin. Werner nutzte einfach jede Gelegenheit, um mich zu verletzen und zu demütigen.

Ich gab ihm keine Antwort mehr, sondern wartete ab, bis er ins Bett ging. Dann rief ich Uschi an. Sie holten mich ab, und ich verbrachte einen wunderbaren Abend mit ihnen. Als ich mich von Richard verabschiedete, steckte er mir einen Zettel mit seiner Adresse zu. Ich wollte mich eigentlich nicht bei ihm melden, tat es dann aber doch, als ich erfuhr, dass er sich von seiner Freundin getrennt hatte. Wir telefonierten hin und wieder miteinander, sahen uns aber nicht.

In meiner Beziehung zu Werner war ich inzwischen so abgestumpft, dass ich kaum noch auf seine Niederträchtigkeiten reagierte. Als Kirsten heiratete und das Haus verließ, war mir klar, dass ich nur die Wahl hatte zu bleiben und irgendwann zu krepieren, oder endgültig zu gehen und zu leben.

Ich entschied mich für das Leben. Als ich diesmal ging, schlug er mich halb tot. Ich ging mit zwei Koffern. Freunde holten mich ab und brachten mich zu Angelika. Bei ihr blieb ich, bis ich mit ihr zusammen eine andere Wohnung bezog. Das war im September 1986.

Im Oktober 1986 trafen Richard und ich uns das erste Mal in Holland. Ich erlebte drei wunderbare Tage und Nächte mit ihm und lernte einen Mann voller Zärtlichkeit und Fürsorge kennen, der seine Gefühle offen zeigte und sich ihrer nicht schämte. Eine innere Ruhe und eine Zufriedenheit, wie ich sie vorher nie erlebt hatte, waren in mir. Ich dachte nicht darüber nach, was aus uns werden würde, ich wollte nur glücklich sein.

Wir sahen uns ein weiteres Mal im November, und dann blieb ich zehn Tage über Weihnachten und Sylvester bei ihm. Es waren die glücklichsten Tage meines Lebens. Meine Kinder waren froh, sie hatten ihre Mutter lange nicht mehr so fröhlich gesehen.

Wir wollten uns danach eigentlich alle vier Wochen treffen, entweder in Holland oder in Hamburg. Aber das war einfach zu lange, und so verabredeten wir uns alle vierzehn Tage. Meistens kam Richard mit dem Auto, ab und an fuhr ich mit dem Zug zu ihm. Im Mai darauf machte er mir, ganz altmodisch, mit einem Kniefall einen Heiratsantrag.

Ich glaubte nicht, dass er es wirklich wahr machen würde. Er wollte nach Deutschland kommen, und wir versuchten, einen Arbeitsplatz für ihn in der holländischen Botschaft zu bekommen. Inzwischen hatte ich ein zweites Mal die Scheidung eingereicht, musste aber fast drei Jahre warten, denn Werner weigerte sich, einzuwilligen. Selbst beim Scheidungstermin sagte er zum Richter, er wolle seine Frau zurück. Er glaubte wirklich noch, ich würde wieder zurückkommen, so wie ich es immer getan hatte!

Drei Monate nach der Scheidung, im August 1990, heirateten Richard und ich in Hamburg. Der Polterabend war vorüber, ich stand da in meinem Hochzeitsanzug, und wir warteten auf die Kinder, die uns in ihrem geschmückten Auto zum Standesamt bringen wollten. In diesem Augenblick dachte ich, es müsse noch etwas passieren, das unsere Heirat verhinderte. Ich konnte einfach nicht glauben, dass ich so viel Glück haben sollte.

Wir hatten eine schöne standesamtliche Trauung und ein wunderbares Fest. Zwei Tage später flogen wir in die Flitterwochen nach Mallorca. Wir erlebten zwei wunderbare Wochen voller Liebe und Wärme. Ich konnte mein Glück nicht fassen und hatte ständig Angst, dass etwas geschehen könnte, dass dieses Glück nicht andauern würde.

Richard blieb nach der Rückkehr aus den Flitterwochen noch einige Tage in Hamburg. Mir kam die Idee, gemeinsam mit ihm doch einmal das Arbeitsamt aufzusuchen, und wir hatten Glück: Eine Bank in Hamburg stellte Richard ein. Er zog ganz zu mir und begann am 2. Januar 1991 seine Arbeit. Wir waren selig. Als Werner von unserer Heirat erfuhr, reagierte er völlig hysterisch und belästigte uns mit nächtlichen Anrufen. Wenn ich am Telefon war, weinte er.

Ein halbes Jahr nachdem Richard und ich geheiratet hatten, erfuhr ich von den Kindern, dass die Ärzte bei ihm Lungenkrebs diagnostiziert hatten. Er war inoperabel, und die Ärzte gaben ihm noch etwa fünf Jahre. Ein Jahr später heiratete er eine türkische Frau, die er über ein Videoband kennen gelernt hatte. Mit ihr war er die letzten Jahre seines Lebens recht glücklich. Sie wusste von seiner Erkrankung und hat ihn bis zu seinem Tod gepflegt.

Ich habe sie kennen gelernt und fand sie sehr nett. Sie hat ihn geliebt und versuchte, ihm das Trinken abzugewöhnen – leider ohne Erfolg. Ich weiß, dass sie zusammen noch ein paar schöne Segeltörns in der Türkei gemacht haben, und ich war froh, dass er sie hatte.

Später habe ich oft darüber nachgedacht, was geschehen wäre, wenn ich von Werners Krankheit vor meiner Heirat erfahren hätte. Wie wäre mein weiteres Leben verlaufen, wenn ich aus

Pflichtgefühl zu ihm zurückgegangen wäre? Ich glaube, ich wäre vor ihm gestorben. Gott hat es anders entschieden.

Trotz meines Glücks spürte ich immer noch eine tiefe Traurigkeit in mir, die sich mehr und mehr einen Weg nach außen suchte. Ich war böse auf mich. Wieso konnte ich nicht einfach glücklich sein? Ich hatte doch alles, was man sich nur wünschen konnte! Einen zärtlichen Mann, der mich liebte, respektierte und achtete, Kinder, die sich im Leben zurechtfanden und sich zu zwei toughen Frauen entwickelten, und inzwischen war auch Sina, meine Enkeltochter, dazugekommen. Bei ihrer Geburt durfte ich mit dabei sein. Kirsten hatte mich gefragt, ob ich es mir zutraute, und so konnte ich miterleben, wie die Kleine zur Welt kam. Es war ein unglaubliches Erlebnis und ein riesiger Vertrauensbeweis meiner Tochter mir gegenüber.

Trotz meiner Angst vor Gott betete ich zu Ihm, bat Ihn, meine kleine Familie zu beschützen, mir meine Sünden zu vergeben und meine Liebe zu ihm zu stärken. Mein Vertrauen zu Ihm wuchs wie eine zarte Pflanze.

Marlies war meine Kollegin und meine beste Freundin. Wir hatten uns im Amt kennen gelernt. Zwischen uns entstand eine starke Verbundenheit und Vertrauen. Ich glaube, eine solche Freundschaft gibt es nur einmal im Leben. Marlies und ich fuhren gemeinsam in Urlaub, konnten viel miteinander lachen und vertrauten uns bedingungslos. Wir konnten nächtelang miteinander sprechen und philosophieren und hatten jede Menge Spaß miteinander. Ich liebte sie sehr. Richard und sie verstanden sich auf Anhieb.

Marlies war geschieden, und wir verbrachten viel Zeit zu dritt. Im Januar 1991 diagnostizierten die Ärzte bei ihr Brustkrebs, eine Brust musste amputiert werden. Zwischen der Chemotherapie, die sie in zweiwöchigen Abständen bekam, fuhren wir für eine Woche noch einmal zusammen nach Schiermonnikoog. Es war unser letzter gemeinsamer Urlaub. Im Februar darauf starb Marlies. Sie war nur siebenundvierzig Jahre alt geworden. Ihre Geschwister und ich wechselten uns an ihrem Sterbebett ab und begleiteten sie, bis sie einschlief. Ich hatte das Gefühl, ein Teil von mir sei mit ihr gestorben.

Danach begann ich häufiger krank zu werden. Mal war es eine Bronchitis, dann eine Brustentzündung. Die Erschöpfungszustände mehrten sich, und meine Kraft ließ nach. Ich bekam Asthma. Ein Jahr nach Marlies' Tod brach ich dann vollkommen zusammen. Ich weinte nur noch und fiel in eine tiefe Depression.


Die Tür in meinem Inneren, die ich immer zuzuhalten versuchte, hatte sich geöffnet. Ich hatte keine Kraft mehr. Meine Seele schrie nach Heilung. Mit Richard war die Zeit gekommen: Plötzlich war jemand in mein Leben getreten, der dieses völlig veränderte. Ein Mann, der mir zeigte, dass er mich liebte, respektierte und achtete. Der mich verwöhnte und geradezu auf Händen trug. Ein Mann, der mir sagte, dass ich eine kluge, wundervolle Frau sei, und der mich auch so behandelte, ein Mann, mit dem ich von Herzen lachen konnte. Das war mir fremd. In meiner Familie hatte mich niemand je so behandelt. Dennoch konnte ich meinem Glück nicht trauen, hatte man mir doch weit mehr als vierzig Jahre lang das Gegenteil vermittelt.

Richard brachte mich in die Uniklinik. Drei Tage weinte ich nur, war kaum ansprechbar und wusste nicht, was mit mir geschehen war. Ich zog mich völlig in mich zurück, wollte nur meine Familie sehen. Ich schämte mich vor Freunden wegen meines Zustands, war ich doch nicht mehr die Jutta, die sie kannten: Eine, die nach außen fröhlich war, die gern lachte und bereit war, jeden Blödsinn mitzumachen. Übrig geblieben war eine Jutta, die sich hasste, weil sie nicht mehr so funktionierte, wie alle es gewohnt waren, die keine Stärke mehr zeigen konnte, und die das Theater auf ihrer Lebensbühne nicht mehr weiterspielen konnte.

Ich konnte gar nichts mehr. Ich war nur noch Ballast für meine Familie – so glaubte ich jedenfalls. Was war von der Jutta übrig geblieben, die ich einmal gewesen war? Ich wusste es nicht.

Ich bekam ein starkes Antidepressivum und begann, mich mit Süßigkeiten voll zu stopfen. Ich wusste, dass ich ein Essproblem hatte, konnte mich bis zu diesem Zeitpunkt aber kontrollieren. Nun geriet alles außer Kontrolle. Ich nahm im Lauf der Zeit dreiunddreißig Kilo zu, und es begannen Erinnerungen zurückzukommen, die ich bis dahin aus meinem Gedächtnis verbannt hatte.

Bereits mit siebenundvierzig Jahren hatte ich erste Flashbacks gehabt. In meinen Kopf tauchten entsetzliche Bilder auf. Das konnte ich doch nicht erlebt haben! Was bedeutete das? Verzweifelt versuchte ich, mich weiter zu erinnern. Dann wieder versuchte ich, den Gedanken an einen eventuellen Missbrauch zu verdrängen. Es durfte nicht wahr sein! Der Gedanke daran war zu entsetzlich. Aber die Erinnerungen begannen in meinem Kopf Platz zu nehmen, ich konnte sie nicht mehr hinter der inneren Tür verschlossen halten. Obwohl alles noch sehr nebulös war, fielen mir nach und nach Dinge ein, die ich vergessen hatte.

Zum Beispiel, dass ich beim ersten Verkehr nicht geblutet hatte. Und warum hatte ich solche Probleme mit der Sexualität? Warum konnte ich Liebe und Sex nicht zusammenbringen?

Warum war für mich Liebe etwas Schönes und Sauberes, aber Sex etwas Schmutziges? Ich hatte zwar Sex und auch meine Befriedigung, aber warum konnte ich diese nur mit einem schlechten Gewissen genießen? Und all das möglichst im Dunkeln, weil ich mich meines Körpers schämte. Eigene sexuelle Lust verbot ich mir. Ich wusste, dass diese Gefühle nicht natürlich waren, konnte sie aber nicht anders leben.

Obwohl alles auf Missbrauch hindeutete, wollte ich ihn nicht wahrhaben. Ich wollte einfach nicht glauben, dass man so etwas mit mir getan hatte, und versuchte, die Bilder und Gefühle und das furchtbare Entsetzen darüber zu verdrängen. Aber jetzt ging es nicht mehr. Die Erinnerungen kamen zurück.

Die Tür öffnete sich langsam immer weiter, ich hatte keine Kraft mehr, sie zuzudrücken. Ich bekam Angstzustände mit Panikattacken, zitterte am ganzen Körper und verspürte Brechreiz. Ich versuchte, die Angst durch Essen zu unterdrücken. Ebbten die Anfälle ab, war ich völlig ausgelaugt und schlief mehrere Stunden. Ich war innerlich wie erstarrt, kraftlos. Alles, was ich tat, erschöpfte mich. Ich konnte meinen kleinen Haushalt kaum mehr erledigen und lag viel im Bett. Es war, als sei ich innerlich tot.

Wie oft Richard oder ein Rettungswagen mich mit Verdacht auf Herzinfarkt in die Notambulanz brachten, weiß ich nicht mehr. Mein Blutdruck spielte verrückt, und das Asthma schränkte mich zusätzlich ein.

Ich hasste mich dafür, nicht mehr die Jutta zu sein, die ich einmal gewesen war. Jetzt war ich doch zu nichts mehr zu gebrauchen, funktionierte nicht mehr! Ich glaubte, für Richard nur eine Belastung zu sein, und es kamen sexuelle Probleme hinzu. Manchmal konnte ich seine Berührungen nicht ertragen, sagte es ihm aber nicht. Er spürte es selbst. Weil er trotzdem Verständnis für mich hatte, hasste ich mich nur noch mehr. Ich war meinem inneren Feind völlig ausgeliefert. Er tat mit mir, was und wann er es wollte.

Ich begann, Richard zu triezen. Ich erklärte ihm, er könne mich doch eigentlich nicht mehr lieben, und was er denn mit so einer nutzlosen Frau noch wolle. Er antwortete mir immer wieder, dass er mich liebe, und dass alles irgendwann gut werde. Eines Tages sagte er ganz ruhig zu mir: »Willst du mich einfach nicht verstehen, oder kannst du es nicht verstehen? Ich liebe dich so, wie du bist, ob gesund oder krank. Du bist die Frau, die ich mir immer gewünscht habe!« Mein Kopf glaubte es, nicht aber meine Seele.

Richard tat alles für mich. Er kochte und versorgte mich, wenn ich nicht mehr konnte, und zeigte mir immer wieder, wie sehr er mich liebte. Ich habe in all diesen Jahren nicht einmal ein ungeduldiges oder böses Wort von ihm gehört.

Oft legte ich meinen Kopf auf seinen Bauch, er strich mir über das Haar, und ich weinte und weinte meine entsetzliche Trauer aus mir heraus. Manchmal drückte ich mir ein Kopfkissen vor den Mund, weil ich laut schreien musste und die Nachbarn es nicht hören sollten. Er hielt mich dabei umfangen und sagte tröstende Worte zu mir.

Richard hat unglaubliche Kraft und Liebe gezeigt. Ich glaube, nur wenige Männer hätten das ertragen, sie wären gegangen.

Später in der Therapie wurde mir klar, was ich mit diesem Triezen versucht hatte: Unbewusst wollte ich Richard vertreiben, um mir später bestätigen zu können, was man mir immer gesagt und gezeigt hatte – nämlich, dass ich »zum Scheißen zu dämlich« sei, wie mein Vater manchmal gesagt hatte, dass ich nicht liebenswert sei und noch dazu ein schlechter Mensch.

Ich demütigte mich in Gedanken, verfluchte mich, dass ich nicht arbeitsfähig war und fragte mich häufig, ob es nicht besser sei, wenn ich die Augen für immer schloss. Nur der Gedanke an meine Familie hielt mich davon ab, Selbstmord zu begehen.

Immer öfter dachte ich über Gott nach, und obwohl ich nicht wusste, ob es Ihn wirklich gab, begann ich in meiner Verzweiflung, Gedichte an Ihn zu schreiben. Es waren Zeilen voller Bitten, voller Dankbarkeit für mein Leben und voller Vorstellungen, wie es wohl sein würde, wenn ich irgendwann einmal bei Ihm war. Aus jedem dieser Gedichte kann man meine Hoffnung auf Gesundung lesen. Ich wünschte mir so sehr, dass es einen Gott gäbe, einen liebenden und verzeihenden Gott, einen, der auch mich liebte und mir vergab!
Eines meiner ersten Gedichte heißt »Das Jammertal«.

*Vor vielleicht tausend Jahren und mehr Wochen,*
*war ich ins Jammertal gekrochen.*
*Eine schwarze Dunkelheit umgab mich dort,*
*ich mochte diese nicht, wünschte mich weit fort.*
*Benommen lag ich Monate und Tage, bis ich wieder zu mir fand.*
*Ich war allein in dieser Dunkelheit und dankt',*
*dass ich noch lebte.*
*Ich horchte leise auf Lebenstöne, wie auf das Rauschen von Wasser,*
*oder Baumgestöhne.*
*Kein Vogelgezwitscher hörte mein Ohr.*
*Mit Bitterkeit dacht ich daran,*
*wie kam ich in dies Jammertal?*
*Wie viel Jahre meines Lebens suchte ich den richtigen Weg,*
*doch ganz vergebens.*
*Der Rucksack, den ich trug, er schwerer,*
*Die Straßen, die ich ging, sie wurden leerer.*
*Ich stolperte mit meiner schweren Last,*
*ich stolperte weiter mit meiner schweren Last.*
*Dann die undurchdringliche Dunkelheit,*
*ich konnte nichts sehen weit und breit.*
*Doch plötzlich, ich staune, kommt Dämmerung,*
*Die Vögel, sie zwitschern, die Bäume, sie stöhnen.*
*Ich kann mich jetzt wieder an den Tag gewöhnen.*
*Wacklig steh ich auf, halt mich fest und seh mich um.*
*Der Weg dort hinten, er führt mich nach oben.*
*Langsam fang ich an zu steigen,*
*suche mir meinen Weg aus Geäst und Zweigen.*
*Der Weg ist steil und schwer zu erklimmen,*
*doch irgendwann hab ich ihn sicherlich geschafft.*
*Ich spüre wieder Leben,*
*ich spüre wieder Kraft.*

Im Oktober 1993 kam ich in eine Klinik zur Rehabilitation. Kurz zuvor hatte ich, auf Anraten meiner Ärztin, im Amt um die Versetzung in eine etwas ruhigere Abteilung gebeten. Drei Monate brauchte ich, um diese Entscheidung zu treffen. Ich wollte nicht wahrhaben, dass ich dem Druck in meiner geliebten Wohnungsabteilung nicht mehr gewachsen war. Mein Chef kümmerte sich um meine Versetzung, obwohl er nicht verstehen konnte, dass ich zu krank war, um weiterhin in seiner Abteilung zu arbeiten. Einmal sagte er zu mir: »Ich kann gar nicht verstehen, wie ein Mensch, der so lachen kann wie Sie, so krank werden kann!« Jahre später erzählte er mir, dass er sich mit der Krankheit Depression näher beschäftigt habe und mich jetzt ein wenig verstehen könne.

Mein Gesundheitszustand war entsetzlich, als ich in der Reha-Klinik ankam: Ich litt unter starken Asthmaanfällen, Schleim lief mir ständig aus Mund und Nase. Medikamente schlugen nicht an, und ich konnte das Klinikgebäude nicht verlassen. Ich weinte viel und hatte großes Heimweh. Was war nur aus mir geworden, aus der Frau, die so viel in ihrem Leben geschafft hatte? Ich war verzweifelt. Wenn Richard und die Kinder nach einem Besuch bei mir wieder nach Hause fuhren, reagierte ich mit Angstzuständen und Schwindelanfällen. Ich hatte Todessehnsucht, aber gleichzeitig auch Sehnsucht nach dem Leben.

Eines Abends nahm ich an einer Gesprächsrunde bei einem evangelischen Pastor teil, der auch Einzelgespräche anbot. Ich fasste sofort Vertrauen zu ihm, er hatte etwas Warmherziges und Gütiges. Weinend erzählte ich in meinem ersten Einzelgespräch von mir, von den drei Abtreibungen, die ich nach Kirsten noch gehabt hatte, und von der letzten, bei der ich fast verblutet wäre. Ich kann mich an einen Satz erinnern, den er daraufhin zu mir sagte: »Sie haben doch auch sehr viel Schmerz ertragen.« Irgendwann während des Gesprächs schrie ich verzweifelt nach Gott: »Lieber Gott, wenn es dich gibt und du da bist, dann bitte, bitte, hilf mir! Ich kann es nicht mehr ertragen!«

Und ich erlebte Gott. Ich spürte einen warmen Strom in meinem Körper, und von diesem Moment an ist Gott für mich Wahrheit geworden. Ich wusste und spürte, dass es Ihn gab, und dass Er bei mir war. Ich glaube, Er schenkte mir in diesem Augenblick den Glauben an Ihn.

Als ich nach unserem ersten Gespräch – es sollten noch weitere folgen – das Zimmer des Pastors verließ, spürte ich, dass der imaginäre Rucksack auf meinem Rücken leichter geworden war. Bei einem unserer nächsten Gespräche erzählte ich ihm von meinem Traum vor vielen Jahren und von der Hand, die mir zuwinkte. Er blickte mich liebevoll an und sagte: »Sie hatten keinen Traum, Sie hatten eine Erscheinung!«

Mit jedem Besuch bei dem Pastor ging es mir etwas besser. Die Ärzte glaubten, dass nun endlich die Medikamente anschlugen. Aber ich wusste es besser.


Irgendwann konnte ich wieder spazieren gehen, mein Asthma wurde weniger, und auch meiner Seele ging es besser. Bei einem weiteren Einzelgespräch mit dem Pastor erzählte ich ihm, dass Richard und ich so gern einen kirchlichen Segen für unsere Ehe hätten, und er bot mir an, uns diesen zu erteilen.

Einige Tage vor meiner Entlassung – ich war insgesamt acht Wochen in der Klinik – gingen Richard und ich in den Gottesdienst. Nachdem er zu Ende war und die anderen den Raum verlassen hatten, bat der Pastor uns, zu ihm an den Altar zu kommen. Seine Frau und eine andere, die Gitarre gespielt hatte, waren ebenfalls zugegen. Er fragte uns, ob die beiden uns mit segnen dürften, und wir waren einverstanden. Anschließend fragte er uns, was wir uns für unser Leben wünschten, und hielt seine Hände über unsere Köpfe. Ich weiß nur noch, dass ich sagte, ich wünschte mir ein paar schöne Jahre mit Richard, und dass wir und die Kinder gesund bleiben mögen. Daraufhin segnete er uns in Gottes Namen.

In diesem Augenblick fühlte ich wieder diesen warmen Strom in mir. Ich glaube, Gott erfüllte uns im Moment der Segnung mit Seinem Geist.

Wir waren beide sehr still, als wir den Raum verließen.

Später erzählte Richard mir, dass er, während der Pastor uns segnete, ebenfalls diesen warmen Strom in sich gespürt hatte. Gott war bei uns.

Dass ich bereits vor langer Zeit meinen Weg zu mir selbst, zu der Jutta, die Gott geschaffen hatte und die irgendwann verloren gegangen war, eingeschlagen hatte, wusste ich zu diesem Zeitpunkt noch nicht.


Im Dezember machte ich einen ersten Versuch, in der neuen Abteilung zu arbeiten. Vierzehn Tage später brach ich zusammen. Drei Monate lang versuchte ich es immer wieder - vergeblich. Eines Abends, ich kam gerade erneut mit dem Rettungswagen ins Krankenhaus, hatte dort meine ehemalige Ärztin Nachtdienst. Sie sprach lange mit mir und erklärte schließlich: »Frau Grabow, Sie können nicht mehr arbeiten! Sie müssen Ihre Rente einreichen.« Es sollte aber noch drei weitere Monate dauern, bis ich selbst einsah, dass ich nicht mehr arbeitsfähig war. Die Rente wurde mir zunächst auf zwei Jahre bewilligt und danach in eine unbefristete umgewandelt.

Es folgten Zeiten der völligen Verzweiflung, die mit Selbsthass, dem Wunsch nach Selbstzerstörung und Panikattacken einherging. Immer wieder bat ich Gott in meinen Gebeten um Heilung und Besserung. Oft fragte ich mich: »Darf ich eigentlich gesund werden, oder ist es mein Schicksal, so zu leiden?« Tage, Wochen und Monate vergingen, in denen ich mich verfluchte, demütigte und verletzte. Aber der Wunsch und der Glaube, dass es ein Leben nach der Depression gab, waren stärker.

Ich versuchte, mit essen meinen Seelenzustand zu ändern. Es folgten richtige Anfälle: Ich stopfte in mich hinein, was ich fand. Es war mir egal, wie ich aussah, wenn nur dieser todesähnliche Zustand endlich verging. Und es half, wenn auch nur für wenige Minuten.

Für einen Menschen, der nie eine Ess-Störung kennen gelernt hat, ist der Zustand des Essenmüssens nicht zu verstehen. Es ist eine Sucht. Ich vergleiche sie mit der Alkoholkrankheit. Oft tropften mir, wenn ich Essen in mich hineinstopfte, vor lauter Ekel vor mir selbst und aus Verzweiflung darüber, dass ich nicht stärker war als die Sucht, die Tränen auf das Essen. Und der Feind in mir lachte sich halb tot. Aber meine Gedichte gaben mir Mut, weiterzumachen und nicht aufzugeben.

# Der Feind

Es friert mein Herz,
von Eis umfangen.
Die Seele blutend,
voller Schmerz.
Wie kann ich aus dem Eis gelangen?
Der bös Tyrann auf seinem Thron,
regieret hier mit Willkür, Macht.
Seit er in meinem Innern wohnt,
Wünscht er, ich stürbe,
höhnisch lachend.
Er schlägt mich, tritt mich,
drohet mir,
befiehlt,
mich zu ergeben.
Mit großem Hass, voll Niedertracht,
will er es ganz, mein Leben.
Geb ich auf und sterbe,
oder kämpf ich, dass ich werde?
Von Gottes Arm getragen,
gestärkt von Seiner Liebe
werd ich das Leben wagen.
Er schenkt mir Kraft,
von Seinem Mut.
Einmal wird endlich alles gut.

In der Beziehung zu meiner Mutter hatte sich nichts geändert. Sie behandelte mich weiter respektlos und kühl. Ich sehnte mich verzweifelt nach ihrer Liebe und Anerkennung. Warum konnte sie mir nicht ein Mal sagen, dass sie mich gern hatte? Warum konnte sie nicht ein Mal »Danke« sagen, wenn ich etwas für sie tat? Nichts war ihr gut genug, immer wieder hörte ich von anderer Seite, dass sie kein gutes Haar an mir ließ. Verzweifelt suchte ich nach einer Antwort und hasste mich nur noch mehr ob dieser Sehnsucht.

Ich, die ich selbst Mutter war, konnte einfach nicht verstehen, dass meine Mutter nicht die gleichen Gefühle hatte wie ich. Meine Kinder waren das Wichtigste in meinem Leben. Mussten nicht alle Mütter ihre Kinder lieben? Das war doch normal! Was war mit mir, dass meine Mutter mich nicht lieben konnte? Ich verstand nicht, warum ich innerlich mit Herz und Seele nach ihr schrie. Ich verbot mir dieses Bedürfnis und konnte es trotzdem nicht unterdrücken. Ich verlor mich in Wunschvorstellungen, schrieb Gedichte über Mutterliebe und Sehnsucht.

# Mutter

Das Kind, vom Mutterleib geboren,
ganz unschuldig und rein.
Fühlt sich noch nicht verloren.
Man sieht es strampeln,
Hört es schrei'n.
Hungrig sucht es die Mutterbrust,
spürt ihre Nähe, warm und weich.
Es fühlt den zärtlich lieben Kuss,
der Hände Streicheln, engelsgleich,
der Wärme Wohlgenuss.
Des Kindlein Seele wachet auf
Und wünscht: »Hier möcht ich bleiben,
auf meiner Mutter warmem Bauch,
möcht ich mein Leben lang verweilen.«

Die ersten Schritte tut das Kind
an seiner Mutter Hand.
Als wenn es schon das Leben find',
spielt es in feinem Sand.
Es hört der Vögelein Gesinge,
spürt weich die Kraft der Sonne.
Es sieht so viele bunte Dinge,
das Leben ist voll Wonne.

Und immer streicheln Mutters Hände,
und immer küsst ihr warmer Mund,
ach, wenn ich sie doch an mich bände,
mein' Seele wäre niemals wund.
Ich möcht in ihre Augen sehn,
die mich voll Lieb erblicken.
Mein Mutter Lieb soll nie vergehn,
mein Herz würd sich entzücken.

Viele Jahre später, in der Therapie, begann ich zu verstehen. Ich war unerbittlich und lieblos zu mir selbst, so wie meine Eltern es zu mir gewesen waren. Heute, wo ich vergeben habe, weiß ich, dass sie uns das gegeben haben, was ihnen möglich war.

Irgendwann erzählte ich meiner Mutter von dem Missbrauch. Sie sah mich nur erschrocken an und wechselte das Thema. Mein Mann war bei diesem Gespräch zugegen. Als wir wieder nach Hause fuhren, sagte er zu mir: »Deine Mutter ahnt es oder weiß etwas davon.« Leider war es mir nicht möglich, noch einmal mit ihr darüber zu sprechen. Sie blockte alles ab. Jahre später sagte sie zu meiner Schwester, meine Therapeuten hätten mir da etwas eingeredet. Heute verstehe ich sie: Wenn sie sich den Missbrauch, der in gewisser Weise auch bei uns zu Hause stattgefunden hatte, eingestand, musste sie sich auch eingestehen, dass sie mich nicht beschützt hatte. Und das kann eine Mutter kaum aushalten. Vielleicht konnte sie mich mit dem Makel des Missbrauchs, der Beschmutzung einfach nicht lieben.

Ich fand keine Antworten.

Ich begann, einmal in der Woche zu Kirsten zu fahren, holte die Kinder von der Schule ab, kochte und machte mit ihnen Schularbeiten. Mitunter blieb ich über Nacht. Diese Stunden waren etwas Besonderes für mich: Ich spürte die Liebe der Kinder zu mir, wir lachten und spielten zusammen, ich las ihnen Gute-Nacht-Geschichten vor oder erfand selbst welche. Wenn sie eingeschlafen waren, legte ich ihnen manchmal meine Hand auf die Stirn und bat Gott, sie zu segnen. Es tat mir gut, mit ihnen zusammen zu sein.

Ganz langsam begann sich etwas in mir zu verändern. Lange Zeit spürte ich diese Veränderung gar nicht. Dann kamen

Tage, an denen es mir schon recht gut ging und ich Lebensmut schöpfte.

Drei Jahre nach meinem Zusammenbruch ging ich in ein Krankenhaus, um mein Gewicht zu reduzieren. Die Ärztin fragte mich, ob sie mich mit homöopathischen Mitteln behandeln dürfe. Ich willigte ein, denn ich hätte nach jedem Strohhalm gegriffen, um aus dieser entsetzlichen Starre und Traurigkeit herauszukommen. Sie gab mir ein Buch über Homöopathie.

Sinngemäß las ich Folgendes:

Krankheitssymptome zeigen ein Ungleichgewicht zwischen Körper und Seele an. Die Homöopathie behandelt den ganzen Menschen und nicht nur ein bestimmtes Krankheitssymptom. Sie aktiviert die Selbstheilungskräfte im Körper, denn sie geht davon aus, dass jeder Körper eine Krankheit aus eigener Kraft überwinden kann. Der Körper braucht oft nur den entsprechenden Reiz von außen.

So kann die Homöopathie auch Krankheiten heilen, bei denen die Schulmedizin lediglich versucht, die Symptome zu lindern. Homöopathie beugt vor, sie kann Menschen stärken, bevor sie ernsthaft krank werden. Homöopathie hilft, zum Beispiel bei schwer erfassbaren chronischen Leiden, eine Erklärung und damit auch die richtige Therapie zu finden.

Frau Dr. Grosse machte eine Anamnese mit mir: Sie wollte alles wissen, an das ich mich bis zu meiner Kindheit zurückerinnern konnte. Danach bestimmte sie ein Mittel für mich. Ich bekam an drei Tagen jeweils dreimal täglich drei »Globuli«, kleine weiße Kügelchen. Ein paar Minuten nach der Einnahme der ersten drei Globuli erschien ein Bild vor meinem inneren Auge: Ich sah mich glücklich einen Flur hinuntertanzen. Dieses Bild habe ich vor kurzem übrigens noch einmal gesehen.

Schon nach der ersten Einnahme spürte ich, dass sich mein

Befinden besserte. In einem unserer langen Gespräche schlug Frau Dr. Grosse mir damals vor: »Schreiben Sie doch mal ein Buch über Ihr Leben!« Fast zehn Jahre danach habe ich diesen Vorschlag endlich in die Tat umgesetzt.

Als ich entlassen wurde, hatte ich acht Kilo abgenommen, aber es dauerte nicht lange, und ich hatte sie wieder drauf. Mein Gewicht schwankte stark. Es gab Phasen, in denen ich normal aß, dann hatte ich wieder Anfälle extremer Ess-Sucht.

Frau Dr. Grosse hatte mir die Adresse einer ehemaligen Kommilitonin gegeben, einer Ärztin, die ausschließlich homöopathisch behandelt. Nach meiner Entlassung suchte ich diese auf. Als wir uns zum ersten Mal gegenübersaßen, wussten weder sie noch ich, auf was wir uns mit der Behandlung einlassen würden. Keine von uns ahnte, welch furchtbares Leid sich da seinen Weg nach außen suchte. Sie hat mich in all den Jahren begleitet. Sie war und ist immer für mich da, wenn ich um Hilfe rufe, und das habe ich oft tun müssen. Ihr habe ich viel zu verdanken. Ich glaube, die Jahre mit mir waren auch für sie Schwerstarbeit. Dieses Buch ist auch ihr gewidmet.

Ihre Hilfe bestand in meinem Fall nicht nur darin, dass sie mir Medikamente gab. Sie betreute mich auch psychologisch. Sie ist eine kluge, einfühlsame Frau, die ich sehr gern habe und die ich aus meinem Leben nicht mehr wegdenken kann. Sie ist wie eine gute Freundin, freut sich über jeden Fortschritt, den ich mache, über meine Bücher und Bilder. Mit ihr habe ich auch oft über Gott, Jesus und Glauben sprechen können.

Ich begann, Briefe an Gott zu schreiben, voller Sehnsucht nach dem Leben und voller Dankbarkeit für die Wahrheit seines Seins und für meine Familie. Ich suchte Kontakt zu anderen Christen, suchte in der Bibel nach tröstenden Worten und klammerte mich an einen Gott, der ein liebender war. Ich schrieb wieder Gedichte. Das folgende ist, glaube ich, mein schönstes:

## Gottes Haus

*Blick, voll Lieb ins Herz uns schaut,*
*Gott hat uns ein Haus gebaut.*
*Seine Hände sind die Balken,*
*Seine Lieb' das Fundament,*
*Seine Augen sind die Fenster,*
*Seine Stärke der Zement.*
*Seine Wärme ist der Ofen*
*und Vergebung Seine Tür.*
*Schöner Garten Seine Güte,*
*ohne Geld bekommen's wir.*
*Barmherzigkeit, das ist Sein Licht.*
*Gottes Gastgeschenk ist Gnade,*
*Ewigkeit ist Sein Gesicht.*

Die innere Tür öffnete sich immer weiter, und alles, was ich dahinter versteckt hatte, suchte sich jetzt einen Weg nach draußen. Alle Verletzungen, Demütigungen und Schmerzen, all die Trauer, die ich hatte verdrängen müssen, um zu überleben, kamen mir entgegen. Ich wusste damals nicht, warum es nötig war, noch einmal dieses Leid und diesen Schmerz zu durchleben. Das sollte ich erst später erkennen.

Während ich all die Jahre hindurch Stück für Stück in das Erlebte hineinging, es noch einmal durchlitt, konnte ich jetzt etwas tun, was mir damals nicht möglich gewesen war: Ich konnte mich wehren. Nun durfte ich »Nein« schreien, durfte weinen, schlagen und treten, meine Verzweiflung aus mir herausbrüllen.

Manchmal hatte ich das Gefühl, mich in einem Geburtskanal zu befinden, den ich verlassen musste, um das wirkliche Leben zu erblicken, oder auch, als ob ich mich aus einer alten Haut herausschälte. Es folgten Jahre der Verzweiflung und der Hoffnungslosigkeit, aber ich hielt an Gott fest. Er hatte seinen Sohn Jesus Christus zu uns geschickt, an dessen Worte nach der Heilung eines Gelähmten ich mich immer wieder erinnerte, wenn ich nicht mehr weiter konnte: »Steh auf und geh.« Ich stand auf und ging. Immer wieder. Mir war, als würde Er diesen Satz zu mir sagen, wenn ich am Boden lag.

Es folgten Krankenhausaufenthalte, in denen ich viele missbrauchte und geschlagene, gedemütigte und missachtete Menschen kennen lernte, Menschen, deren Schicksale zum Teil noch schlimmer waren als meines, die wie ich durch die Hölle gegangen waren, zerstört an Leib und Seele, Menschen, deren Wunden offen waren und nicht vernarbten. Die nicht gestorben waren, aber auch nicht wirklich leben konnten.

Immer wieder wurde ich mit der entsetzlichen Diagnose »Missbrauch« konfrontiert, mit Patientinnen und Patienten, die von ihren Vätern, Großvätern, Onkel und anderen Verwandten teilweise über viele Jahre hinweg vergewaltigt, körperlich und seelisch misshandelt worden waren, und deren eigenes Ich von Kindheit an zerstört war. Ich litt mit ihnen, konnte ich sie doch so gut verstehen.

Es macht mich immer wieder traurig, wenn ich erlebe, was der Begriff »Psychiatrie« bei vielen Menschen auslöst. Worte wie »Blöde«, »Irrenanstalt« und Ähnliches höre ich in dem Zusammenhang häufig. Mir kommen bei solchen Äußerungen oft die

Tränen. »Niemandem von euch wünsche ich so ein zerstörtes Leben!«, denke ich dann. Sie wissen ja nicht, welch ein Elend sich hier verbirgt, sie haben keine Ahnung, welches Leid diesen Menschen angetan worden ist.

Eine Bettnachbarin von mir war eine multiple Persönlichkeit. Sie war ein wunderbarer Mensch und klug dazu. Aber in ihr lebten mehr als vierzig verschiedene Menschen, und sie hatte, wie sie es selbst nannte, »Zugänge«. Es wurden immer mehr. Es war grauenvoll mitzuerleben, wie aus dieser Frau plötzlich ein kleines Kind wurde, das mit seinem Teddy spielte und in einem Bilderbuch malte. Menschen, die bestimmte traumatische Erlebnisse gehabt haben, flüchten in eine andere, imaginäre Person, die sie in sich aufnehmen. So schützen sie ihre Seele. Sie würden das Trauma sonst nicht überleben.

Ein junger Mann war von seinem Vater vom dritten bis zum zwölften Lebensjahr vergewaltigt und missbraucht worden. Die Mutter wusste davon. Er fiel mit zweiundzwanzig Jahren in eine schlimme Psychose.

Viele dieser Patienten weinten in meinen Armen, und ich versuchte, sie zu trösten. Ich war dankbar für das Vertrauen, das sie mir schenkten. Wie oft saß ich auf meinem Bett und weinte um diese jungen Frauen und Männer. Immer wieder fragte ich mich, wie Menschen zu so etwas fähig sein konnten. Was geht in solchen Vergewaltigern vor? Ist es Macht, sexuelle Gier oder die Freude am Quälen von Menschen, die ihnen anvertraut sind? Ich glaube, es ist von allem etwas.

Am meisten aber entsetzt es mich, dass viele Mütter davon wissen und schweigen. Ich frage mich, wie eine Mutter mit dieser Schuld leben kann. Oft ist es so, dass solche Mütter froh sind, wenn ihre Männer sie mit »Sex in Ruhe lassen«. Dafür sind sie sogar bereit, ihre Töchter zu opfern. Von einer Patientin weiß ich, dass ihre Mutter sie dem eigenen Vater zugeführt hat.

Eine neunzehnjährige Patientin wurde von ihrem Nachbarn seit ihrem achten Lebensjahr sexuell missbraucht, bis sie vierzehn war. Als sie endlich den Mut fasste, sich ihren Eltern anzuvertrauen, nannten diese sie eine Lügnerin und erklärten, der Nachbar würde so etwas nie tun. Sie glaubten ihrer eigenen Tochter nicht, spürten ihren Hilfeschrei nicht und machten sie zur Täterin! Sie hat keinen Kontakt mehr zu ihren Eltern, und der Vergewaltiger kann sich neue Opfer suchen, wenn er sie nicht schon gefunden hat.

Es ist für mich immer noch ein Phänomen, dass so viele Menschen nicht glauben wollen, dass es sexuellen Missbrauch gibt, und die Ohren und Augen davor verschließen, weil nicht sein kann, was nicht sein darf. Hier muss ich an einen Satz denken, den ich einmal in einer Zeitung gelesen habe: »Für die Missbraucher Bewährung, für die Missbrauchten Lebenslänglich.« Genauso ist es. Die Narben werden ein ganzes Leben lang schmerzen. Es entstehen multiple, manische und psychotische Persönlichkeiten – Menschen, die nie wieder in ihrem Leben ganz gesund sein werden. Welch ein entsetzliches Leid ist mir immer wieder begegnet!

Gott war täglich in meinen Gedanken. Er war es, der mir Kraft und Halt gab, neben meiner Familie. Der Glaube an Ihn und seine Liebe waren es, die mich aushalten ließen.

Im Lauf der Zeit begann ich, mich selbst besser zu verstehen. Ich begriff, warum ich so traurig war, warum diese Panikattacken kamen, und begann, mich mit meinen negativen Eigenschaften zu sehen. Diese verbot ich mir und versuchte, sie zu unterdrücken. Verdammt noch mal, ich wollte nicht schlecht und böse sein! Ich wollte noch immer nur gut sein und lieb.

Dennoch ließ ich ganz allmählich auch schon einmal negative Gedanken, Gedanken von Wut und Hass zu, ohne mich gleich wieder in Selbsthass und Selbstverachtung zu stürzen. Ich wurde innerlich klarer, begann, mich, wenn es nötig war, mit anderen Menschen auseinanderzusetzen, anstatt mich beleidigt und traurig zurückzuziehen.

Ich lernte nach und nach, mich besser abzugrenzen und auch einmal Nein zu sagen, wenn ich wieder über meine Grenzen gehen wollte. Es waren immer nur ganz kleine Schritte, aber sie brachten mich meinem Ziel näher.

So, wie ich an meinem Arbeitsplatz im Wohnungsamt Ansprechpartnerin für Menschen in Not gewesen war, so wurde ich es auch im Krankenhaus. Viele Patienten kamen mit ihren Sorgen zu mir und erzählten mir ihre Lebensgeschichte. Es war schwer für mich, wenn ich sagen musste: »Ich brauche jetzt etwas Zeit für mich.« Auch meine behandelnde Ärztin im Krankenhaus ermahnte mich oft: »Frau Grabow, Sie müssen sich abgrenzen, Sie sind auch eine Patientin hier!«

Eines Tages fragte sie mich: »Frau Grabow, warum behandeln Sie sich so schlecht, und warum sind Sie so unerbittlich sich selbst gegenüber?« Mich erschreckte diese Frage. Ging ich wirklich so mit mir um? Aber sie hatte Recht, ich spürte es zum ersten Mal: Ich war tatsächlich unerbittlich und dazu hasserfüllt gegen mich selbst, wenn ich mir gestellte Aufgaben nicht so erfüllte, wie es von mir erwartet wurde.

Während eines solchen Aufenthalts in der Klinik in Alsterdorf war es auch, als mir unter Weinkrämpfen plötzlich bewusst wurde, dass mein Vater mit seinen Aussagen über mich Unrecht gehabt hatte. Es war, als würde sich in meinem Kopf ein Vorhang öffnen: Mein Vater hatte gelogen, als er mir sagte, ich sei dumm und schlecht! Nein, ich war nicht dumm und auch nicht schlecht. *Er war ein Lügner!* Ich schrie, tobte und wimmerte über diese Lüge, mit der ich seit mehr als fünfzig Jahre gelebt hatte. Ich verzweifelte über mein nicht gelebtes Leben, darüber, dass ich ihm geglaubt und vertraut hatte. *Er* war es gewesen, der die Weichen für mein Leben gestellt hatte.

Ich hatte diese Erkenntnis zwar in meinem Herzen aufgenommen, aber es war trotzdem ein langsamer Prozess und ein langer Kampf, bis ich lernte, mich selbst liebevoller zu behandeln.

Ich dachte ständig über mich, über die Depression und über meine Angst nach, versuchte, Erklärungen dafür zu finden, warum ich mich so verhielt, wie ich es tat, und warum ich mit Panikattacken und Ähnlichem auf bestimmte Situationen reagierte. Ich glaube heute, dass ich das Leid *brauchte*, ich gehe sogar so weit zu behaupten, dass ich es *suchte*. Und litt ich nicht selbst, dann nahm ich das Leid anderer an. Leiden war ein Teil meiner Lebensberechtigung. Bedeutete Glücklichsein folglich nicht, keine Lebensberechtigung zu haben? Also verbot ich mir, glücklich zu sein.

Vor etwa fünf Jahren, während eines Krankenhaus-Aufenthalts, schrieb ich in einer Nacht, in der ich nicht schlafen konnte, meine erste Kindergeschichte. Damals ging es mir besonders schlecht. Mir war dauernd übel, und ich weinte viel. Ich erfand einen kleinen Jungen, den ich Johannes nannte: Johannes ist fünf Jahre alt und kann nicht lachen. Eines Tages findet er einen verletzten Grashüpfer, den er gesund pflegt. Der kleine Grashüpfer spricht eines Nachts zu Johannes und sagt ihm, dass er ihm helfen könne, das Lachen wieder zu finden. Die Geschichte handelt davon, wie die beiden sich aufmachen, um das Lachen zu finden, und welche Abenteuer sie dabei erleben.

Das Schreiben half mir sehr. Ich glaube, dass einiges von mir und von meinem Schicksal sich in diesen Geschichten wieder findet. Vielleicht habe ich mir auch ein Stück meiner nicht gelebten Kindheit zurückholen wollen, oder ich schrieb die Geschichten für das kleine Kind in mir.

Drei weitere Geschichten und ein Gedichtband von mir sind im November 2003 in den Buchhandel gekommen.

Immer wieder gab es Situationen, in denen ich Gottes Nähe besonders spürte. Meine Schwester Christa und ich planten einen gemeinsamen Urlaub auf dem Bauernhof mit unseren Enkelkindern. Meine waren damals sechs und acht, ihre vier und elfeinhalb. Sie erzählte mir, dass ihr Mann ihr von dieser Reise abgeraten habe mit dem Hinweis, sie solle es sich noch einmal überlegen: Wenn ich nicht gut drauf sei, müsse sie sich schließlich um vier Kinder kümmern!

Mit dieser Sorge in mir, es könne so eintreten, fuhren wir wie geplant an einem Samstag auf den Bauernhof. Es ging mir nicht gut. Die Angst, wirklich nicht zu funktionieren, hielt mich gefangen. Am Tag danach – unsere Männer waren nach dem Sonntagsfrühstück wieder nach Hause gefahren –, sagte meine Schwester: »Du, sieh mal, ich glaub, die Kinder haben die Windpocken!« Ihre beiden hatten die Krankheit tatsächlich. Aber plötzlich kam alles anders, als ich befürchtet hatte: Ich war stark. Ich fuhr zum Einkaufen, kochte Essen und spielte mit allen vier Kindern, damit meine Schwester sich ausruhen konnte. Es war ein wunderbarer Urlaub. Es gab so viel zu lachen. Wir fuhren mit den Kindern ans Meer, machten Fahrradtouren und gingen spazieren.

Am Ende des Urlaubs war mir, als würde jemand lächelnd zu mir sagen: »Siehst du, so kann es auch kommen!« Es war für mich ein sehr glückliches Erlebnis. Ich fühlte mich während dieser Tage kräftig, voller Lebensfreude und gesund. Gott hatte mir gezeigt, dass es auch anders gehen konnte. Er machte mir Mut und Hoffnung.

Ich war wieder einmal im Krankenhaus. Meine Schwester Ulla brachte mir eine Rose von Jericho mit. Ich wusste zunächst gar nicht, was dieses Knäuel aus vertrocknetem Blattwerk war. Sie erklärte mir, dass ich es in eine Schale mit Wasser legen müsse. Das Knäuel würde das Wasser aufnehmen und wieder grün werden. Ich tat es. Als ich am nächsten Morgen in die Schale blickte, war die Rose aufgegangen in Form eines Kreuzes und wieder ganz grün. War dies nicht erneut ein Zeichen Gottes, der mir sagen wollte: »Ich bin bei dir?« Solche Erlebnisse waren für mich wie Offenbarungen. Sie zeigten mir: Gott war in meiner Nähe. In solchen Momenten spürte ich etwas in mir, das ich kaum beschreiben kann. Ein Glücksgefühl, das mit nichts Irdischem aufzuwiegen ist. Ich spürte, dass etwas Wunderbares in mir wuchs. Es war das Bewusstsein, dass Er ein liebender Gott war, ein Gott, der auch mich liebte.

Eines Tages sagte ich zu Ihm: »Lieber Gott, ich schenke mich Dir, mit allem, was ich bin und habe. Ich will Dein geliebtes Kind sein bis in alle Ewigkeit.« Damit gab ich mich ganz in Seine Hände.

Es ging mir zwischenzeitlich immer mal wieder ganz gut, aber dann kamen die Angstanfälle und Panikattacken wieder und mit ihnen die Verzweiflung. Ich begann zu begreifen, dass es dieses kleine Kind war, die kleine Jutta in mir, welche diese Angst, diese Panik, diese Verzweiflung und diese entsetzlichen Schmerzen, die ihr zugefügt worden waren, noch einmal erlebte.

Solche Gefühle hatte ich als kleines Mädchen nicht spüren dürfen, meine Seele hatte mich auf diese Weise beschützt. Ich wäre sonst an den psychischen Verletzungen gestorben.

Die innere Tür, die sich Stück für Stück weiter öffnete und immer gerade so viel herausließ, wie ich ertragen konnte, ließ sich nicht wieder zuschließen. Dabei hätte ich es mir oft gewünscht. Ich hatte damals nach dem Zusammenbruch nur zwei Möglichkeiten: Entweder stellte ich mich meinen schrecklichen Erlebnissen, die sich einen Weg nach draußen bahnten, oder ich versuchte weiterhin, mit Hilfe von im Lauf der Zeit immer stärker werdenden Antidepressiva, mein Leben zu leben. Die Entscheidung, die ich vor vielen Jahren traf, traf ich nicht allein. Gott half mir dabei. Er war es auch, der mir immer die Menschen an die Seite stellte, die mir halfen und heute noch helfen.

Im März 2000, einen Tag nach meinem Geburtstag, wurde Richard mit dem Rettungswagen in die Uniklinik Hamburg gebracht. Die Untersuchung ergab eine Spastik am Herzen. Er musste operiert werden. Es war, als zöge man mir den Boden unter den Füßen weg. Mein gesunder, fröhlicher Mann krank, und dann noch so schwer! Ich war verzweifelt. War das Leid, das ich ertragen musste, nicht schon schrecklich genug? Ich machte mir schwere Vorwürfe. Ich glaubte, ich sei schuld, weil Richard so viel Kraft für mich einsetzte. Aber nun musste ich stark sein und ihm zur Seite stehen. Und ich war stark. Diesmal war ich es, die ihm immer wieder sagte, dass alles gut werden würde.

Die Operation verlief gut. Er bekam zwei Bypässe und erholte sich erstaunlich schnell von dem schweren Eingriff. Nach dem Krankenhausaufenthalt kam er in eine Reha-Klinik nach Timmendorf, nur etwa dreißig Kilometer von unserem

Wochenenddomizil in Bliesdorf entfernt. Ich war die meiste Zeit in Bliesdorf und besuchte Richard, so oft ich konnte.

Die Tage vor dem Wochenende, an dem er entlassen werden sollte, war ich in Hamburg. Wir hatten verabredet, dass er mich um elf Uhr in Timmendorf treffen würde. Schon als ich in Hamburg losfuhr, spürte ich Angst in mir. Ich schalt mich und sagte mir: »Sei nicht albern, es ist nichts, vor dem du Angst haben müsstest!« Also fuhr ich los. Kurz nachdem ich auf der Autobahn war, würde mir übel, und ich geriet in Panik. Zunächst dachte ich, ich müsse etwas essen. Also fuhr ich auf einen Parkplatz und aß ein Stück Brot. Es half nichts. Ich geriet immer mehr in Panik und versuchte, dagegen anzukommen. Ich fuhr weiter, spürte aber gleich, dass ich bei der nächsten Möglichkeit wieder würde anhalten müssen. Meine Panik wuchs. Richard wartete doch auf mich und machte sich sicher Sorgen, wenn ich nicht rechtzeitig eintraf! Aber ich konnte einfach nicht mehr weiterfahren. Ich fuhr zur nächsten Tankstelle und wollte Kirsten anrufen. Als ich anhielt, brach ich in einen Weinkrampf aus. Zudem war auch noch der Akku meines Handys leer! Gott sei Dank stand neben mir ein Peterwagen. Ich ging zu den Polizisten, und sie riefen Kirsten an. Meine Tochter kam so schnell sie konnte mit einer Freundin, übernahm das Steuer und fuhr mich nach Timmendorf zu Richard. Ich wusste nicht, was mit mir los war, es war mir die letzten Wochen eigentlich ganz gut gegangen.

Richard war natürlich schon in Sorge gewesen, dass mir etwas passiert sein könnte, als wir schließlich ankamen und ihn abholten. Endlich war er wieder zu Hause! Mir ging es weiterhin schlecht. Wieder verdammte ich mich: Richard war wieder da, und ich war erneut in einem schlimmen Zustand. Am Wochenende nach seiner Entlassung fuhren wir nach Bliesdorf. Abends musste er mich ins Krankenhaus nach Neustadt bringen – mein Blutdruck spielte verrückt. Fast zwei Wochen musste ich dort bleiben. Ich wies die Ärzte auf meine psychische Situation hin, aber sie schauten mich nur an und gaben mir ein anderes Blutdruckpräparat.

In Neustadt lernte ich wieder einen Pastor kennen, der sich sehr um mich kümmerte. Er kam, so oft es seine Zeit ihm erlaubte, um mit mir zu sprechen. Es waren sehr schöne und tröstende Gespräche. Innerhalb von ein paar Stunden schrieb ich sieben Gedichte. Der Pastor bat mich, sie lesen zu dürfen.

### Verlangen

*Verlangen nach Deinem göttlichen Antlitz,*
*Verlangen nach Deinem hellen Licht,*
*Verlangen nach Deinen gütigen Augen,*
*Verlangen nach Deinem tröstenden Mund,*
*Verlangen nach Deinen liebenden Händen,*
*Verlangen nach Deiner Umarmung,*
*Verlangen nach Deinem lebendigen Trost,*
*Verlangen nach Deiner kraftvollen Stärke*
*ist Verlangen nach dem Sein.*

Nach meiner Entlassung war ich acht Tage zu Hause. Ich war wieder kurz vor einem Zusammenbruch, konnte das Haus nicht verlassen, und Angstzustände und Panikattacken beherrschten mich. Dies waren Momente, in denen ich hoffte, einfach einzuschlafen und nicht mehr aufzuwachen. Sie brachten mich in die Uniklinik Eppendorf. Hier blieb ich vierzehn Tage. Man gab mir wieder andere Medikamente für den Blutdruck. Nur knapp zwei Wochen nach der Entlassung bekam ich endlich ein Bett im Krankenhaus Alsterdorf, in der Abteilung für psychosomatische Erkrankungen, dank der Vermittlung meiner Schwester Ulla. Hier war ich gut aufgehoben.

Ich kam auf die Station acht. Hier sah es nicht aus wie in einem Krankenhaus. Es gab helle Zimmer, viele Blumen und einen gemütlichen Essraum, in dem die Patienten gemeinsam die Mahlzeiten einnahmen. Der liebevolle Umgang des gesamten Pflegeteams mit den Patienten tat mir gut.

Weitere Erinnerungen kamen, und ich fand Erklärungen: Mein schlechter Gesundheitszustand war die Reaktion auf Richards Herzoperation. Als ich stark sein musste, war ich es. Jetzt, wo alles überstanden war, brach ich zusammen. Es war klar, dass wieder Angstattacken folgen mussten: Meine grenzenlose Angst vor dem Verlassenwerden – das war es. Als Kind war ich von meinen Eltern verlassen worden, als sie mich nach Osnabrück gaben. Es war die Angst des kleinen Mädchens in mir.

Während der ersten Tage konnte ich die Klinik nicht verlassen. Sowie ich einen Schritt nach draußen tun wollte, begann sich in meinem Kopf alles zu drehen, und ich hatte panische Angst, ohnmächtig zu werden. Nicht einmal die sechs Schritte von der Eingangstür bis zu unserem Auto konnte ich Richard begleiten. Dieser Zustand war neu für mich und ängstigte mich natürlich ungeheuer. Ich hatte Angst vor dem »Draußen«.

Dreizehn Wochen dauerte mein erster Aufenthalt in Alsterdorf. Es sollten noch weitere folgen. Es waren Wochen, die geprägt waren von Zusammenbrüchen, Weinkrämpfen und dem Gefühl, sterben zu müssen. Ich konnte nicht verstehen, was in mir vorging. Manchmal wollte ich nicht mehr leben. Spürte ich aber Todesangst, dann klammerte ich mich an das Leben.

Die Fürsorge und liebevolle Anteilnahme der Schwestern und des Pflegers und die Betreuung meiner Ärztin dort ließen mich langsam wieder zu Kräften kommen.

In Alsterdorf nahm ich eines Tages meine Depression an, anstatt weiter gegen sie zu kämpfen. Es war eine große Erleichterung: Ich verstand, dass ich viel Kraft vergeudet hatte, gegen die Krankheit zu kämpfen, anstatt sie als zu mir gehörend zu akzeptieren.

Ich fragte mich, warum ich überhaupt so gegen die Diagnose kämpfte. In unserer Gesellschaft hat man keine Depression zu haben, sie wird gern verleugnet. Durch sie wird man zu einem Außenseiter, und wer möchte schon gern Außenseiter sein? Wir alle möchten doch dazugehören. Ich glaube, die Menschen sind bereit, fast alles zu tun, um dazuzugehören, bis hin zur Selbstaufgabe.

Nach meiner Entlassung konnte ich zwar wieder nach draußen gehen, konnte aber weder mit Bus oder Bahn, geschweige denn mit dem Auto fahren. Ich klammerte mich an Richard. Die Angst, ihn zu verlieren, die Angst, dass er mich allein lassen könnte, hielt mich gefangen. Nur ganz langsam wuchs ich in alles wieder hinein.

Während eines späteren Aufenthalts in Alsterdorf sah ich folgendes Bild in mir: Links ein altes Haus, dessen Tür offen stand, darunter ein tiefes Loch, und rechts, auf der anderen Seite des Lochs, ein neues Haus. Schwester Else riet mir, es zu malen. Ich zeichnete meine Vorstellung auf ein Blatt Papier. Da war ich, wie ich aus der geöffneten Tür ins Bodenlose fiel und verzweifelt versuchte, mich in das alte Haus zurückzuhangeln. Es gelang mir nicht, also probierte ich, mich auf der anderen Seite hochzuziehen.

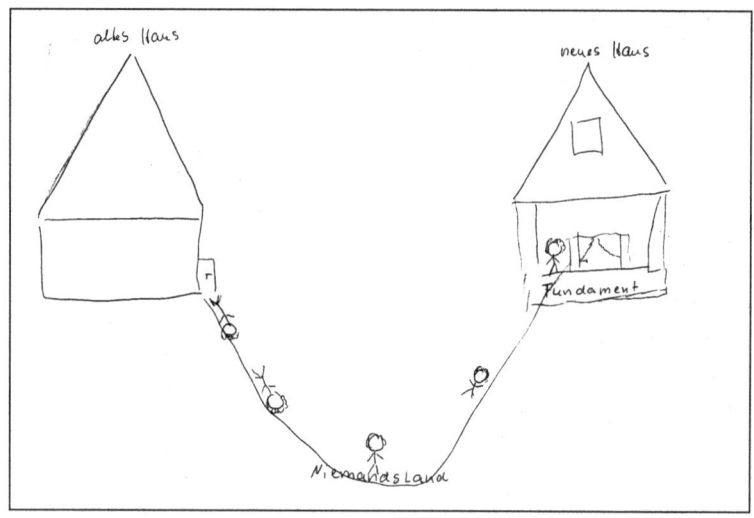

Dieses Erleben lief wie ein Film ab und entwickelte sich über mehrere Monate in mir. Ich spürte eine wahnsinnige Angst, mich, meine Identität zu verlieren, das zu verlieren, was ich an mir für gut hielt. Dazu gehörte mein Mitleid für andere Menschen und das starke Gefühl der Liebe in mir. Ich war nicht mehr die alte Jutta, aber auch noch keine neue. Ich verzweifelte fast an mir selbst. Dieses Geschehen war während des langen Prozesses meiner Suche nach mir selbst eines der Schlimmsten.

Es war ein ungeheurer Kampf: Zuerst das Zurückwollen. Ich fühlte geradezu, wie ich krampfhaft versuchte, in das mir vertraute Haus, meine Umgebung, in der ich mich auskannte, zurückzukommen. Egal wie schlimm es in diesem Haus auch war, hier war ich doch vermeintlich sicher. Was konnte mich in dem anderen Haus schon erwarten? Ich wusste es nicht, und das machte mir wahnsinnige Angst.

In das alte Haus schaffte ich es nicht zurück, aber es gelang mir, mich auf der rechten Seite hochzuhangeln und das neue Haus zu betreten.

Ich verstand, was das zu bedeuten hatte: Ich verließ das mir Vertraute und fiel in ein tiefes Loch, das Niemandsland, wo ich nicht mehr wusste, wer ich war. Ich hatte Angst vor dem neuen Haus. Was erwartete mich dort? Alles war fremd, und die Angst in mir nahm wieder überhand. Diese Wochen, in denen ich mich nirgends zugehörig fühlte, waren von großer Verzweiflung geprägt.

Albträume quälten mich. Es war, als würde mich etwas auseinander reißen. Links zerrte etwas an mir, um mich in das alte Haus zurückzuholen, rechts versuchte jemand, mich in das neue Haus zu bringen. Ich kämpfte und kämpfte und fragte mich immer wieder, woher ich diese Kraft nahm. Ich wusste die Antwort: Sie kam von Gott.

In dem neuen Haus angekommen, begann ich mich umzusehen. Ein Teil war schon eingerichtet, den anderen Teil kannte ich noch nicht. Ich blickte zu dem alten Haus hinüber und sah, wie es ganz langsam begann in sich zusammenzustürzen. Ich konnte nie mehr zurück. Ich hatte die alte Jutta ganz losgelassen, und die neue, eine Jutta, die begann, stark zu werden, war mir noch fremd. Ich wollte sie kennen lernen.

In dieser schweren Zeit halfen mir auch wieder Gespräche mit meiner Ärztin und ihre homöopathischen Mittel. Durch sie lernte ich Frau Irslinger kennen, meine Therapeutin. In der ersten Stunde mit ihr schlug ich mit einem Badminton-Schläger auf imaginäre Peiniger. Ich hatte den ersten Schlag noch nicht beendet, als ich mich schreien hörte wie noch nie zuvor. Frau Irslinger sagte zu mir: »Das waren Sie, Frau Grabow, Sie haben diesen Schrei ausgestoßen!« So begann unsere gemeinsame Arbeit.

In den folgenden Therapiestunden begann etwas aus mir herauszubrechen. Ich schrie und wimmerte nach meiner Mutter, trat und schlug mit Händen und Füßen nach den Menschen, die mir dieses Leid antaten. Ich wusste, dass in mir, der erwachsenen Frau, das kleine Mädchen mit all den schrecklichen Erlebnissen seiner Kindheit steckte und das tat, was es damals nicht tun konnte: sich zur Wehr setzen. Dies ging einher mit Brechanfällen, Husten und Schleimen. Die Stunden erschöpften mich maßlos, danach war mein einziger Gedanke: »Nach Hause!« Oft war ich total fertig und schlief mehrere Stunden.

Mit jeder Therapiestunde, in der ich wieder etwas aus mir herauslassen konnte, wurden meine Angstattacken weniger, und die Abstände zwischen ihnen wurden größer. Meine Ärztin schilderte es mir einmal so: Unser Inneres ist wie eine Zwiebel. Um zu ihm vorzudringen, müssen wir Stück für Stück die einzelnen Zwiebelschalen entfernen. Die Tür in meinem Inneren öffnete sich immer weiter, *ich* öffnete mich. Intuitiv spürte ich, dass nur so eine Heilung möglich war. Die Schwere dieser Erlebnisse machte jedoch einige weitere Krankenhausaufenthalte notwendig.

Ich spürte weitere positive Veränderungen an mir: Ich wurde selbstbewusster, klarer und konnte mich besser zu mir bekennen und zu dem, was und wer ich war. Alles stand natürlich noch auf sehr wackeligen Füßen, aber es war deutlich zu merken.

In dieser Zeit halfen mir auch die Gespräche mit Martin, einem jungen Mann, der in unserem Haus wohnt und Theologie studierte.

Wir sprachen manchmal stundenlang über Gott und Glauben. Er ist ein Verstandesmensch und ein sehr gläubiger Christ, der den Zugang zu Gott im Denken sucht. Ich glaube, unsere Gespräche geben uns beiden viel. Wir beide – Martin, der

Verstandesmensch, und ich, die mit ihrem Herzen und der Seele spricht –, könnten unterschiedlicher nicht sein. In seiner Magisterarbeit dankt er mir ausdrücklich für meine kritischen Fragen und Anregungen, die ihn oft zu weiteren Überlegungen anregten.

In diesen Jahren las ich viele psychologische Sachbücher über Kindheit, Eltern und seelische Verletzungen. Ich fand mich darin immer wieder. Während eines Weihnachtsbasars in unserer Gemeinde fiel mir, unter mehr als fünftausend Büchern, ein Taschenbuch mit dem Titel »Der Heiler. Psychotherapie aus dem neuen Testament« in die Hände. Es machte mich neugierig. Der Autor ist Dr. Helmut Jaschke, ein Theologe und Psychotherapeut, der an einer pädagogischen Hochschule lehrt. Er beschreibt in seinem Buch, dass das Neue Testament auch erzählt, wie Jesus Menschen von Angst, Selbstzweifel und der Wunde des Ungeliebtseins befreit. Diese Personen in der Nähe Jesu stehen symbolisch für jeden, der das Leben sucht. Helmut Jaschke vermittelt Möglichkeiten der Selbstwahrnehmung im Spiegel des Lebenswissens Jesu, sowie Möglichkeiten, überraschende therapeutische Wege der Heilung zu entdecken.
Dieses Buch hat mir sowohl in theologischer wie auch in psychologischer Hinsicht viele hilfreiche Impulse geliefert, da es zum einen aufschlussreiche Aspekte über Jesu Liebe zu uns Menschen deutlich gemacht hat, und zum anderen für das Verstehen meiner eigenen Erkrankung einen wichtigen Beitrag geleistet hat.

In einer der Therapiestunden sah ich mich als kleines Mädchen dastehen, inmitten einer um mich herumhastenden, eilenden Menschenmenge, völlig verloren. Ich spürte eine entsetzliche

Einsamkeit und Verlassenheit und weinte. Frau Irslinger fragte mich: »Können Sie sich vorstellen, wenn Sie Ihre Augen schließen, dass Sie sich Ihren Engel holen?« Ich schloss die Augen, und tatsächlich konnte ich meinen Engel zu mir holen. Ich sah ihn als eine weiße Lichtgestalt. Der Engel nahm die kleine Jutta an die Hand und führte sie aus der Menschenmenge heraus in ein Haus, legte sie in ein Bett und deckte sie liebevoll zu.

Diese Bilder liefen wie ein Film in mir ab und befreiten mich für kurze Zeit aus meiner Traurigkeit. Ab und an holte ich mir nun meinen Engel, wenn ich besonders schlimme Bilder in mir sah. Nach weiteren Sitzungen sah ich schließlich eine kleine Jutta mit wippenden Zöpfen, die fröhlich hopsend an der Hand des Engels fortging. Ich fühlte die Geborgenheit und das Glücklichsein der Kleinen.

Natürlich hatte ich zwischenzeitlich immer wieder tiefe Einbrüche mit Selbstzweifeln, Lieblosigkeit und Hassgefühlen gegen mich selbst. Natürlich war ich noch nicht gesund, aber ich spürte, dass ich es eines Tages sein würde. In mir kämpften immer noch zwei Seiten gegeneinander, aber das Leid wurde weniger.

Allmählich traf ich mich auch wieder mit meinen Freundinnen aus meiner Frauengruppe. Obgleich sie vielleicht nicht so recht verstanden, was mit mir los war, haben sie doch in all den Jahren meiner Krankheit zu mir gehalten. Sie respektierten es, wenn ich mich zurückzog, aber sie meldeten sich in regelmäßigen Abständen, um zu fragen, wie es mir ging. Sie hatten auch Verständnis, wenn ich wieder einmal eine Verabredung kurzfristig absagen musste, weil ich nicht aus dem Haus gehen konnte.

Dann war da noch meine Freundin Angelika. Wir kannten uns aus dem Amt. Erstaunlicherweise entwickelte sich eine enge

Freundschaft erst in der Zeit meiner Erkrankung. Auch sie war immer für mich da: Sie konnte ich anrufen, wenn ich Stunden vorher spürte, dass ein Weinkrampf nahte. Sie nahm mich in den Arm, wenn ich ein Kissen vor den Mund presste, um nicht laut zu schreien, und ließ mich weinen. Die vielen Gespräche, die wir miteinander führten, gaben mir oft die Möglichkeit, Erlebnisse und Altes in mir besser zu verstehen. Angelika nahm kürzlich ein Sabbatjahr und ging nach Sri Lanka, um dort in einem Kinderprojekt zu arbeiten.

Ich weiß nicht mehr, wie oft ich glaubte, nicht weitermachen zu können, keine Kraft mehr zu haben für weitere Therapiestunden. Aber ich hatte die Kraft und machte weiter. Je mehr ich aus mir herausspuckte und schrie, umso weniger wurden meine Angst und Panikattacken.

Mein Vertrauen zu Gott wuchs weiter. Ich glaubte, um eine gute Christin zu sein, müsste ich besonders viel für andere Menschen tun. Ich dachte, wenn ich mich, meine Bedürfnisse, mein eigenes Ich nicht so wichtig nähme, würde Gott mir wohlgesinnt sein und mir als Lohn seine Gnade schenken. Heute weiß ich, dass die Gnade Gottes nicht zu erarbeiten, sondern ein unverdientes Geschenk an uns ist.

Ich hatte meine Schuldhaftigkeit vor Gott gebracht und Ihn um Vergebung gebeten für alles Unrecht, das ich getan hatte. Dennoch wollte ich diese Schuld – ich spreche hier nicht von der mir zugewiesenen Schuld meiner Peiniger, sondern von der, die ich in eigener Verantwortung auf mich geladen hatte – am liebsten aus mir löschen. Ich glaube, ich konnte mir selbst nicht verzeihen. Gott hatte es jedoch längst getan: Er schenkte mir die Kraft und den Mut, mich so zu sehen, wie ich bin, und wie es jeder Mensch ist: fehlbar, mit guten und weniger guten Eigenschaften. Er lehrte mich, Ja zu sagen zu meiner Schuldhaftigkeit und zu mir als der Mensch, der ich war und bin.

In der Gewissheit Seiner Liebe zu mir begann ich ganz allmählich zu glauben, dass ich mich wirklich selbst lieben durfte, ja sogar sollte. Mit Seiner Liebe schenkte er mir das Recht, mich selbst zu lieben und anzunehmen. Er schenkte mir durch seinen Sohn Jesus Christus die Freiheit, indem er mich von den Fesseln, die man mir vor vielen Jahren angelegt hatte, befreite und das Gefängnis, in dem ich saß, öffnete.

Ich verstand, dass Gott uns die Freiheit der Entscheidung gegeben hat, auch die Freiheit, zu entscheiden, welchen Weg wir in unserem Leben gehen wollen: einen Weg zu Ihm und damit zu uns selbst, oder ohne Ihn und damit ohne die Chance, unser eigenes Ich kennen zu lernen. Ich glaube, Gott ist in uns. Wir haben ihn unter all unserem Leid und unserer Schuldhaftigkeit begraben.

Gott ist Liebe. Sie ist das Fundament allen Lebens, wir Menschen haben sie alle in uns. Sie ist nur zugedeckt worden im Laufe von Generationen und Jahrhunderten durch Verbote, Lieblosigkeiten, Verletzungen und falsche Lebensart. An ihrer statt haben wir Macht, Geld und Besitztum auf unseren inneren Thron gesetzt.

Was bedeutet der Satz: »Ich hab dich lieb«? Für mich bedeutet er Lebenskraft, Sicherheit und das Wissen, dass ich liebenswert bin. Ich wünschte, wir Menschen würden verstehen, dass Liebe zu zeigen ein Ausdruck von Stärke und niemals von Schwäche ist. Würden alle Menschen das ihren Kindern mitgeben, ich bin sicher, die Welt wäre eine andere als sie heute ist.

Eine Therapeutin sagte mir vor kurzem: »Alles, was wir für uns positiv verändern, verändert auch die Welt positiv.« Daran glaube ich. In mir begann eine innerliche Reinigung mit dem

Herauslassen alter Verletzungen. Den Platz, der damit frei wurde, bat ich Gott einzunehmen. So konnte ich mich immer mehr mit Ihm füllen. Je mehr Platz Er in mir einnahm, desto mehr Klarheit und Verstehen, was mit mir geschah, waren in mir. Die verwundete Seele des kleinen Mädchens und der erwachsenen Frau begann zu heilen.

In all den Jahren träumte ich viel. Ich spürte, dass ich in meinen Träumen alte Erlebnisse verarbeitete. Die Träume verfolgten mich manches Mal bis in den Mittag hinein, und wenn sie besonders schlimm waren, war es auch mein Tag.

Ich hatte immer noch mein »Kampfgewicht«, war dick, und die Ess-Sucht hielt mich im Griff. Eine leichte Veränderung bemerkte ich schon, aber das Verlangen nach Süßem war so stark wie eh und je. Wie oft liefen mir die Tränen auf die Schokolade, die ich so hasste und ohne die ich doch nicht sein konnte! Nach solchen Essattacken ging es mir für kurze Zeit besser, und ich verachtete mich, dass ich nicht Nein hatte sagen können. Ich hasste meinen Körper und mich, dass ich der Sucht nicht widerstand, und beschimpfte mich, innerlich zu schwach zu sein.

Ich fühlte mich eingesperrt in einen dicken Fettmantel. Manchmal hätte ich am liebsten ein Messer genommen, um mir das Fett abzuschneiden, das mich erdrückte, mich lahm machte und unansehnlich, wie ich glaubte. Heute weiß ich, dass ich diesen Fettmantel brauchte, um mich zu schützen. Ich wollte unansehnlich werden für Männer, auch für Richard. Aber es half nicht: Ich war für meinen Mann auch mit dreißig Kilo zu viel immer noch liebens- und begehrenswert.

Je mehr von dem Missbrauch nach außen drängte, desto mehr Probleme bekam ich auch mit der Sexualität. Ich hasste mich, glaubte, keine richtige Frau zu sein, und verurteilte mich dafür, dass ich Richard nicht gerecht wurde, wie ich meinte.

Die meiste Zeit des Sommers verbrachten wir in Bliesdorf. Hier kam mir während eines Spaziergangs an der Steilküste vor etwa vier Jahren der Gedanke: »Das alles würde ich gern einmal malen.« Von meinem Lieblingsplatz, einer Bank oberhalb der Steilküste unter zwei Bäumen, sah ich auf der einen Seite das Wasser und auf der anderen blühende Felder und in der Ferne einen Wald. Die Sonne schien, und es war warm. Hier saß ich oft und schrieb Gedichte oder Kindergeschichten.

Ich kaufte mir Ölfarben und Papier und begann zu malen. Noch heute staune ich manchmal, wenn ich sehe, was aus meiner Malerei geworden ist: die unfertigen Anfänge damals und die schönen Blumen- und Landschaftsbilder heute. Ich freue mich, dass es in mindestens dreißig Haushalten ein Bild von mir gibt, und dass die Besitzer Freude an dem haben, was ich gemalt habe.

Wie lange habe ich gebraucht, bis ich einverstanden war, meine Bilder zu signieren! Richard sagte häufig: »Du malst so viel, du musst die Bilder auch signieren. Sie sind doch von dir!« Ich verstand zunächst nicht, warum mir das so schwer fiel. Ich konnte zwar sehen, was ich malte, aber in meinem Inneren konnte ich nicht wirklich glauben, dass *ich* so etwas Schönes malen konnte. War ich nicht zu dumm dafür? Wenn die Kinder oder Freunde sagten: »Jutta, ist das schön!«, dann freute ich mich über das Lob, aber glauben konnte ich es nicht. Ich behandelte alles, was ich tat, eher abfällig. Der innere Feind war immer noch stärker als ich, und David kämpfte weiter gegen Goliath. Und doch spürte ich, dass der Riese zu ermüden begann.

Ich malte stunden- und tagelang, mitunter acht, neun Stunden.

Malte ich nicht, schrieb ich. Ich spürte zwar, dass mich mein Gewicht immer unbeweglicher machte, ignorierte das aber und wollte mein Dicksein nicht wahrhaben. Mir war nicht klar, dass ich mein Inneres ausgeschaltet hatte: Ich wollte nicht fühlen. Alles, was ich außerhalb des Hauses zu erledigen hatte, tat ich mit dem Auto. Ich war unglücklich und wollte es doch nicht sein.

Frau Irslinger sprach mich während einer Therapiestunde auf eine Klinik in Heiligenfeld, Bad Kissingen, an, die eine besonders intensive psychosomatische Behandlung anbot. Es sollte aber ein halbes Jahr vergehen, bis ich mich entschloss, dort in Behandlung zu gehen. Ich wollte den Sommer in Bliesdorf noch genießen.

Als ich die Kur bewilligt bekam, konnte ich innerhalb einer Woche anreisen. Es war Anfang September 2003. Ich war nicht glücklich über meinen Entschluss, und ich hatte Angst vor dem, was noch kommen konnte. Ich wollte nicht fort, und schon gar nicht so lange. Es waren etwa sechs bis acht Wochen geplant.

Ich war sehr erschöpft von den Wochen vorher. Meine Schwester Christa, mit der mich viel verband, hatte sich wieder einmal von mir zurückgezogen, ich wusste einmal mehr nicht, warum. In unserer Beziehung hatte ich das Gefühl, dass sie, wenn ich mich nicht so verhielt, wie sie es von mir erwartete, mich mit Nichtachtung und Sprachlosigkeit strafte. Sie hatte mir schon ein Jahr vorher gesagt, dass sie mit mir, mit meiner Veränderung nicht mehr klarkäme. Sie ist die Einzige in meiner Umgebung, die diese Schwierigkeiten mit mir hat. Auf meine Frage, warum zwischen uns wieder so eine Spannung sei, antwortete sie, sie könne mit mir im Augenblick darüber nicht sprechen, sei aber maßlos enttäuscht von mir. Es war, als hörte ich meine Eltern sprechen.

Sie und meinen Bruder Peter habe ich auf meinem Weg irgendwann verloren. Das ist ein Preis, den ich für meine Veränderung zu zahlen hatte. Bis heute habe ich keine Erklärung für ihr Verhalten. Es tut mir furchtbar weh. Wir haben in all den Jahren so viel miteinander durchgemacht und ertragen. Vielleicht habe ich einfach zu viel erwartet. Ich habe den Eindruck, dass sich hier noch einmal etwas wiederholt: Ich wollte, dass ich ihr wichtig war, dafür habe ich alles getan.

Inzwischen habe ich gelernt, Nein zu sagen und nicht immer das, was von mir erwartet wird. Vielleicht bin ich nicht mehr so bequem, wie ich es einmal war. Ich verstehe, dass es für Christa und ihren Mann nicht einfach ist, plötzlich eine andere Jutta vor sich zu haben. Ich habe viele Wochen sehr gelitten, weil ich sie liebe und ihr Rückzug von mir mich sehr verletzt hat.

Es gefiel mir in Heiligenfeld. Die Kurklinik ist sehr schön angelegt, es gibt viele Obstbäume und einen liebevoll gepflegten Garten. Ich reiste an einem Mittwoch an. Am Nachmittag lernte ich meinen Therapeuten kennen. Gemeinsam mit einer Therapeutin nahm er mich in die Kerngruppe auf. Am nächsten Nachmittag begann meine erste Stunde in der Maltherapie. Hier sollte ich etwas erleben, das mich noch einmal zutiefst erschütterte und an dem ich fast zerbrach.

Ich malte einen Berg, in dem ein kleines Mädchen gefangen war. In dem folgenden Gedicht beschreibe ich, wie ich mich und mein Leben sah:

Unter Bergen von Müll versteckt,
lag ich verloren in des Leides Dreck.
Verletzungen, Schmerz und schwere Wunden
Hab ich auf meinem Leib gefunden.
Getötet Körper, Seele und Herz,
fühlte nichts, nicht einmal Schmerz.
Ich war gestorben.
Ein Licht in dunkler Finsternis
Durchbricht den Berg des Leides,
berührt meinen Körper,
erwärmt mein Herz.
Ich werde wach.
Durch Gottes Liebe erweckt zum Leben,
Er hat mir Kraft und Schutz gegeben,
wühl ich mich durch den Berg des Schmerzes.
Auf diesem Weg aus der Verletzung, der Verwundung,
atme ich schon den Duft des Lebens.
Ich weiß, all dieses Leid war nicht vergebens.
Ein neues Leben ist mir geschenkt.
Dank an Gott, der es gelenkt.

Ich malte also diesen Berg und wollte ein kleines Mädchen hineinmalen. Doch zu meinem Entsetzen malte ich ein dickes Kind. Wieso ein dickes? Sah ich mich doch in meinen Erinnerungen und in der Therapie als ein zartes, hübsches Kind mit langen Zöpfen. Wieso malte ich ein dickes Kind?

Ich erschrak furchtbar und versuchte, das Mädchen dünner zu malen, aber es ging nicht. Es blieb dick. Ich bekam einen Weinkrampf. Die Therapeutin kam zu mir, sah das Bild an und sagte: »Nehmen Sie doch einmal Kontakt zu diesem Kind auf!« Ich sah auf dem Papier ein kleines, dickes Mädchen mit abgeschnittenen Zöpfen, einem grünen Strickrock und einer weißen Bluse. Und plötzlich sah ich es nicht mehr nur auf dem Papier, sondern in natura vor mir.

Das Kind stand auf einem Fleck und sah mich an. Und plötzlich wusste ich: Es gab zwei kleine Juttas, eine zarte, hübsche mit langen Zöpfen vor dem sechsten Lebensjahr, und eine dicke mit kurz geschnittenen Haaren nach dem sechsten Lebensjahr.

Ich spürte eine unglaubliche Abwehr in mir und so etwas wie Hass auf das dicke Kind. Das durfte nicht sein! Das war doch nicht ich! Doch ich wusste mit Sicherheit, dass ich auch dieses Kind einmal gewesen war. Ich kann meine Gefühle nicht wirklich beschreiben. Es war so etwas wie totale Abwehr und zugleich ungeheure Traurigkeit und Schmerz.

Verzweifelt versuchte ich, das dicke Kind aus meinem Kopf zu verbannen. Es blieb dort. Ich spürte entsetzt, dass ich dieses dicke Mädchen nicht mochte und keinen Kontakt wollte. Ich schämte mich meines ablehnenden Gefühls. Wieso mochte ich das Kind nicht? Ich liebte doch Kinder!

Immer wieder schüttelten mich Weinkrämpfe, und ich fiel abends völlig erschöpft ins Bett, in dem Bewusstsein, dass ich auch dieses Kind einmal gewesen war. Ich hatte es aus mir verbannt, es war mir irgendwann verloren gegangen. Ich spürte, dass ich den Kontakt wieder herstellen musste, weil es auch der Kontakt zu mir selbst war. Den Teil, den dieses Kind in mir eingenommen hatte, hatte ich von mir abgespalten. Ich hatte es tun müssen, um zu überleben.

Jetzt war die Zeit gekommen, das Kind wieder bei mir aufzunehmen. Es gehörte zu mir, war ein Teil von mir. Wenn ich wieder ein Ganzes werden wollte, so musste ich es tun. Alles in mir wehrte sich dagegen. Ich wollte nicht dieses dicke Kind gewesen sein! Ich wusste zunächst nicht, wie ich mich ihm nähern konnte, alles in mir war Abwehr. Ich konnte die Einsamkeit, die Verlassenheit, den furchtbaren Schmerz und das Leid in dem Mädchen erkennen. Ich fühlte es.

Mir war, als zerrisse es mich innerlich. Mein Mitleid war riesengroß, ich weinte und weinte um dieses verstoßene kleine Mädchen und begann mit Hilfe der Therapeutin, mich ihm langsam zu nähern. Ich begann, ihm Briefe zu schreiben. Ich schrieb, dass wir uns zwar noch sehr fremd seien, dass es aber zu mir gehöre und ich es vor vielen Jahren verloren hätte. Ich stellte mir vor, ich hätte es auf einer Insel verloren. Ich war sehr weit von ihm entfernt und schrieb ihm, dass ich mich auf die Reise zu ihm gemacht hätte, dass ich mit einem Schiff kommen würde, um es heimzubringen, heim zu mir. Ich schrieb, dass ich es immer geliebt hätte, aber nichts mehr von ihm wüsste, so als hätte ich eine Amnesie, von der ich jetzt geheilt sei. Ich erzählte ihm, dass ich nicht Schuld daran sei, dass wir uns verloren hatten.

Das Kind schrieb zurück, dass es mich sehnlichst erwarte und wisse, dass ich nicht schuld sei. Dann schrieb ich, mein Schiff habe eine lange Reise zu machen, auf der es auch Stürme gebe, dass es aber sicher sein könne, dass ich käme. »Sieh doch einmal an den Horizont«, schrieb ich, »du wirst das Schiff schon sehen können!« Meine Therapeutin gab mir den Rat, in einen Spielwarenladen zu gehen und das Stofftier, das mich besonders ansprach, für mein kleines Mädchen zu kaufen. Ich erstand eine Spieluhr und einen kleinen Teddy, der ein Herz mit der Aufschrift »Für dich« in der Pfote hielt. Ein paar Tage später kaufte ich noch einen kleinen Keramik-Schutzengel. Oft saß ich vor dem Teddy und der Spieluhr und weinte die große Trauer um das Kind aus mir heraus.

In der Gruppe ging es mir schlecht. Ich war die Älteste, die Jüngste war neunzehn Jahre alt. Während der Sitzungen weinte ich viel. Ich hatte mein Inneres weit geöffnet, da ich wusste, dass ich nur so eine Chance hatte, an meine Gefühle heranzukommen. Mit dieser Offenheit und dem Willen, mich einzufügen, war ich in die Gruppe gegangen, aber ich merkte schnell, dass ich nicht gerade mit offenen Armen empfangen wurde. Ich war gehemmt und wusste und fühlte plötzlich, dass in der Gruppe die gleiche Situation herrschte, wie ich sie als Kind in meiner Familie erlebt hatte. Ich spürte Ablehnung, Missachtung und das Gefühl: »Du bist nicht wichtig.« Es fiel mir immer schwerer, in die Gruppe zu gehen. Nach einer solchen Stunde sagte mir die neunzehnjährige Mitpatientin: »Kannst du dein Weinen nicht abstellen? Du belastet die anderen Mitpatienten!«

Ihre Ablehnung spürte ich besonders. Ich war geschockt und tief verletzt. Endlich hatte ich gelernt, meine Gefühle nach außen zu bringen. Immer wieder hieß es, dass das sehr wichtig sei, um alte Verletzungen heilen zu lassen. Und jetzt versuchte ich, so wenig wie möglich zu sagen und möglichst nicht mehr zu weinen. Das erzeugte einen ungeheuren inneren Druck. Ich ging den Mitpatienten aus dem Weg, so gut ich konnte, und das gefiel ihnen auch wieder nicht. In der darauf folgenden Woche litt ich unter Schlafstörungen, Übelkeit und Erbrechen.

Inzwischen war ich in die Ess-Strukturgruppe aufgenommen worden. Hier fühlte ich mich angenommen. Ich bekam ein kleines Notizbuch, in dem ich aufschrieb, was ich aß. Die Leiterin und ich hatten eine Gewichtsabnahme von vierhundert Gramm als erstes Ziel abgesprochen. Nach einer Nacht, in der ich ein Notfallpräparat bekam, weil mich Angstattacken plagten, musste ich zur Blutabnahme. Hier traf ich die Therapeutin aus der Essgruppe, die mich gleich fragte: »Frau Grabow, geht es Ihnen nicht gut?« Ich brach in Tränen aus und erzählte ihr, was mich so bedrückte. »So geht das nicht«, meinte sie.

In der Kerngruppe wurde ich daraufhin aufgefordert, mein Problem zu schildern. Mir war eigentlich schon klar, dass hier Reflexionen zu beobachten waren: Ich war in einem Alter, dass ich die Mutter der anderen drei hätte sein können, und alle hatten ein riesiges Problem mit ihren Müttern. Es stellte sich heraus, dass die anderen glaubten, ich bekäme zu viel Aufmerksamkeit von den beiden Therapeuten. Meine Mitpatienten brachen in Tränen aus, und es stellte sich heraus, dass sie unter meinem Rückzug litten. Mein Verhalten war spiegelbildlich zu dem ihrer Mütter. Damit war die Sache aus der Welt, aber ich konnte in ihrem Beisein nicht mehr so offen sein, wie ich es gern gewesen wäre.

Dazu kam, dass ich zum ersten Mal mit einem Mann arbeitete. Ich spürte große Unsicherheit und glaubte mich auch von ihm nicht wirklich wahrgenommen. Einige Tage quälte ich mich, bis ich ihm sagen konnte, dass ich ihn zwar als Therapeuten sähe und anerkenne, dass er mir aber dieses Gefühl der Ablehnung, die ich durch meinen Vater erlebt hatte, gab. Er verstand es und meinte, er sei froh, dass ich es ihm mitteilen konnte. Danach ging es mir besser.

Inzwischen hatte ich ein paar nette Mitpatienten kennen gelernt und fühlte mich nicht mehr so einsam. Es war für mich wieder unfassbar, welche Schicksale ich hier mitbekam. Es waren überwiegend junge Menschen, Studenten, Schüler, Menschen aus allen Schichten. Da waren welche, die sich die Arme zerschnitten, um sich zu spüren, es gab Manisch-Depressive und Menschen, die unter Psychosen litten. Etwa neunzig Prozent von ihnen waren sexuell missbraucht worden.

Ein junger Mann war seit seinem dritten Lebensjahr jahrelang von seinem Vater missbraucht worden; ein Geschwisterpaar wurde von beiden Eltern über Jahre hinweg zu sexuellen Handlungen gezwungen; junge Menschen wurden von Familienangehörigen drangsaliert, gequält und verachtet. Ihre Seelen waren zerstört und voller Sehnsucht nach Besserung und Heilung, nach Liebe und Anerkennung.

Das Miterleben ihrer Qualen und ihrer Leiden war für mich manchmal unerträglich. Ich habe mich deshalb oft auf mein Zimmer zurückgezogen, weil ich es nicht aushielt.

Jeder Tag begann mit Gymnastik um sieben Uhr morgens. Ich wurde langsam wieder etwas gelenkiger, es machte mir Freude, mich zu bewegen. Spätnachmittags spazierte ich meistens noch durch den Kurpark in den herrlich gelegenen Kurort. Hier saß ich manchmal direkt an der Saale in der Sonne und genoss den Spätherbst. Immer wieder kamen Erinnerungen, die ich eigentlich nicht mehr wollte.

Meine Schwester Christa war vierzehn und wollte zu einer Sylvesterfeier bei ehemaligen Nachbarn. Mein Vater war angetrunken und erklärte ihr, er müsse ihr noch die Haare schneiden, bevor sie ginge. Als er halb fertig war, meinte er, er habe jetzt keine Lust mehr, den Rest könne er ja am nächsten Tag schneiden. Meine Schwester feierte dann mit einem Kopftuch Sylvester.

Mein Bruder Peter war technisch sehr begabt. Er reparierte Radios, Mopeds und andere technische Geräte. Von dem Geld hatte er sich eine Gitarre und eine kleine Musikanlage gekauft. Mein Vater, betrunken, zerschlug in einer Nacht alles, was sich der vierzehnjährige Junge erarbeitet hatte. Er weinte erbärmlich. So habe ich ihn nie wieder weinen sehen.

Mein jüngster Bruder Horst, der mir sehr nahe stand, war auch alkoholabhängig geworden. Nach vielen Jahren konnte ich ihn endlich zu einem Entzug in ein Krankenhaus bringen. Tragischerweise begannen gerade bei diesem Entzug die ersten Varizen-Blutungen. Er musste einige Male auf Leben und Tod ins Krankenhaus. Häufig konnten meine Schwester Christa und ich gerade noch rechtzeitig den Notarztwagen rufen. Er hatte jedes Mal viel Blut verloren. Irgendwann kam seine Leberzirrhose dann zum Stillstand, und er blieb einige Jahre trocken. In einer sehr problembeladenen Beziehung mit einer Frau begann er erneut zu trinken. Einige Zeit später lernte er eine nette Frau mit Kind kennen und lebte wieder abstinent. Es folgten einige gute Jahre, bis eines Tages die Leberzirrhose erneut ausbrach.

Er war nun schon viele Jahre trocken, und die Ärzte entschlossen sich aufgrund seines Alters – er war erst vierzig – und seiner langjährigen Abstinenz zu einer Lebertransplantation. Es begann das Warten auf eine Spenderleber. Er wurde immer schwächer. Trost fand er in seinem Glauben an Gott. Wenn wir zusammen waren, sprachen wir beide häufig über Gott und den Glauben. Ich schenkte ihm ein Kreuz als Glücksbringer.

Im Jahr 1999, im Frühjahr, lag ich im Krankenhaus. Mein Bruder war zur selben Zeit auch dort, auf einer anderen Station. Ich sehe ihn noch in der Tür zu meinem Zimmer stehen, im

Bademantel, er wollte mir guten Tag sagen. Für einen Moment dachte ich: »Er sieht aus wie ein Mon Chichi, ein knuddeliges kleines Stofftier.« Er bat mich, an meinem Entlassungstag zu ihm zu kommen und mich von ihm zu verabschieden. Er war sichtlich schwächer geworden. Ich wusste von seiner Lebensgefährtin, dass er Probleme mit dem Herzen hatte.

Als ich in sein Zimmer kam, um mich von ihm zu verabschieden, sagte mir ein Zimmernachbar, er sei zu einer Untersuchung gegangen, ich solle dort auf ihn warten. Ich ging hin und wartete. Auf einer Trage brachte man ihn in den Aufenthaltsraum. Er war noch erschöpft von der Untersuchung. Ich begrüßte ihn, und er sagte: »Jutta, gib mir bitte einen Kuss.«

Es war das letzte Mal, dass ich meinen Bruder sah. Im Juni flogen Richard und ich zu meiner Tochter nach Spanien. Es war an einem Freitag. Meine Familie hatte mir verschwiegen, dass eine Spenderleber für Horst gefunden worden war und er am Samstag operiert werden sollte. Sie wollten mich nicht beunruhigen. Ich weiß, dass er sehr glücklich und erleichtert war, dass die Operation stattfinden sollte.

Die Transplantation glückte, die neue Leber nahm alle Funktionen auf. Drei Tage später schlief er ein. Sein Herz war nicht mehr stark genug. So konnte ich ihm nur das letzte Geleit geben.

Wenn ich heute an seinem Grab stehe, sehe ich sein lächelndes Gesicht, so, als würde er mir sagen: »Mach dir keine Sorgen, hier, wo ich jetzt bin, geht es mir gut.«

Zwei Jahre zuvor war mein erster Mann gestorben. Er lebte nach der damaligen schlimmen Diagnose noch fünfeinhalb Jahre. Meine Töchter machten eine harte Zeit durch, und mich machte Werners Tod ebenfalls traurig. Doch auch bei ihm denke ich: »Er hat es jetzt gut, dort, wo er ist.« Er war kein glücklicher Mensch, manchmal hat er, glaube ich, das Leben gehasst. Ich denke an sein Leben, seine Kindheit, die Flucht aus Ostpreußen nach Ostberlin mit seiner Mutter. Sein Vater war 1943 in Russland gefallen. Werner erlebte mit, wie Russen seine Mutter vergewaltigten. Sie war zu ihm als Kind sehr hart gewesen. Mit achtzehn Jahren flüchtete er nach Westdeutschland – ohne Familie und Freunde. Im Grunde seiner Seele war er ein warmherziger Mensch, der mit dem Leben nicht zurechtkam. Wenn ich heute an Werner denke, tue ich das ohne ein böses oder nachtragendes Gefühl, sondern mit Wärme und auch Dankbarkeit. Er hat seinen Anteil daran, dass wir zwei so wunderbare Kinder haben.

In dieser Zeit starben auch Richards Bruder und dessen Frau innerhalb von nur drei Monaten. Beide hatten Krebs. Es waren schwere Jahre für uns.

Eine weitere Begebenheit, in der ich mich Gott ganz nahe fühlte, erlebte ich eines Abends, einige Tage nachdem ich in Heiligenfeld angekommen war. Ich hatte begonnen zu rauchen und saß draußen an einem hohen Aschenständer. Auf ihm stand eine halb abgebrannte Kerze, auf der etwas in großer Schrift geschrieben stand. Ich sah genauer hin und las: »Wallfahrt Lourdes«. Verwundert fragte ich mich: »Wie kommt diese Kerze ausgerechnet nach Heiligenfeld und auf diesen Aschenständer?« Niemand von den Mitpatienten, die ich fragte, konnte mir eine Antwort geben. Einige Abende später lag die Kerze auf der Erde im Schmutz. Ich nahm sie mit, sie steht jetzt bei mir in Hamburg im Haus. Ich habe das Versprechen gegeben, dass ich eines Tages eine Reise nach Lourdes machen werde.

Die Therapiestunden erschöpften mich zusehends. Ich versuchte, mich dem dicken Kind weiter zu nähern, aber es fiel mir schwer. Ich begriff langsam, warum ich dieses Kind nicht annehmen konnte: Ich lehnte mich selbst ab, wie konnte ich dann dieses kleine Mädchen, das ich ja auch war, annehmen? Ich wollte den Missbrauch nicht annehmen, er durfte nicht zu mir gehören, nicht ein Teil von mir sein. Er beschmutzte mich, und ich wollte nicht schmutzig sein. Ich weinte um dieses Kind und hasste mich, dass ich es nicht lieben konnte. Ich begann, ihm weitere Briefe zu schreiben.

*Hallo, mein Liebes,*
*endlich weiß ich, wo du bist, auf welche Insel du dich retten konntest, als ich dich verlassen musste. Ich möchte dir gern erklären, warum du so unendlich allein warst.*
*Nach sehr schweren Verletzungen, die böse Menschen mir antaten, litt ich viele Jahre unter einer Amnesie, das heißt, ich hatte dich aus meinem Gedächtnis verloren. Ich wusste nicht mehr, dass es dich gibt. In meinem Gesundungsprozess erlebe ich nun das große Glück, mich an dich zu erinnern, ich weiß, wo ich dich verloren habe. Ich habe große Sehnsucht nach dir und mich auf die Reise gemacht, dich heimzuholen. Mein Schiff, mit dem ich komme, hat schon ein großes Stück des Weges zurückgelegt. Ich habe auch ein wenig Angst vor unserer Begegnung. Wie wirst du mich empfangen? Wirst du mir verzeihen können, dass ich dich so lange allein lassen musste?*
*Wirst du mich lieben können, so wie ich dich lieben möchte? Großer Schmerz ist in mir, wenn ich daran denke, was du in deiner Einsamkeit an Schmerzen, Verletzungen und Demütigungen erfahren musstest, welche Angst du in der Dunkelheit ertrugst, wie viele Tränen du in deiner Verzweiflung weintest, und wie deine Seele nach mir schrie.*

*Mein geliebtes Kind, du, der andere Teil von mir, ich sorge fortan dafür, dass es dir gut geht. Ich möchte dich beschützen und lieben (habe ich dich doch immer geliebt). Es wird zusammenkommen, was zusammengehört. Niemand wird uns je wieder trennen und dir wehtun.*

*Ich werde dich in die Arme nehmen, dich wärmen und deine Wunden verbinden.*

*Hab noch ein wenig Geduld, die Reise ist beschwerlich. Manchmal kommt Sturm auf, und die stürmischen Wellen lassen das Schiff oft schwanken. Dennoch weiß mein Herz, dass es mit mir ankommen wird.*

*Wenn du an den Horizont schaust, kannst du, glaube ich, schon die Segel des Schiffes erkennen.*

*Ich wünsche mir so sehr, dass du meine Liebe zu dir spüren kannst und die Kraft hast, gegen alle Widerstände, auf mich zu warten.*

*Ich habe etwas Schönes für dich dabei. Einen Teddy, auf dem »Für dich« steht, eine kleine Spieluhr mit einer kleinen und einer großen Katze, die sich beide ansehen, eine Puppe mit braunen Zöpfen und einen Schutzengel aus Keramik. Ich habe den Schutzengel gebeten, auf dich Acht zu geben, und den meinen, auf mich aufzupassen. Wir werden uns bald wiedersehen und gemeinsam nach Hause zurückkehren.*

*Liebes, sei versichert, es wird alles gut werden.*

Es tat mir gut, diese Briefe zu schreiben. So konnte ich mich dem kleinen Kind langsam nähern. Unendliche Traurigkeit, Tränen, aber auch Hoffnung waren bei mir, während ich schrieb. Und das kleine Mädchen antwortete mir.

*Liebe große Jutta,*

*mit unendlichem Glück habe ich deinen Brief erhalten. Zuerst habe ich meine braunen Augen aufgetan und an den Horizont geschaut. Tatsächlich kann ich die Segel deines Schiffes, das dich endlich zu mir bringen wird, in der Ferne entdecken.*

*Eine unbeschreibliche Freude ist in meinem Herzen, und ich winke dir mit beiden Armen wild entgegen, obwohl ich weiß, dass du mich noch gar nicht sehen kannst.*

*Ich hoffe, du kannst das große Glück in mir in deinem Herzen spüren. Endlich wirst du kommen und mich heimbringen zu dir. Endlich werden meine Wunden heilen, und deine Liebe wird mich kräftigen, stärken und wärmen. Endlich werde ich geborgen und geliebt sein, und alles vergangene Leid wird im Nebel verschwinden.*

*Du brauchst dich nicht zu sorgen, mein Herz gehört dir, ich weiß, dass dich keine Schuld daran trifft, dass wir so lange getrennt waren. Du hattest nicht weniger Leid als ich zu ertragen. Dir wurden nicht weniger Wunden zugefügt als mir.*

*Trotz aller Grausamkeiten in den Jahren unserer Trennung wusste ich in meinem Herzen immer, dass wir einander wiederfinden würden, dies hielt mich am Leben.*

*Ich habe zwei Blumenkränze gebunden, und wenn wir uns umarmen, werden sie zu einem werden. Blumen waren es, die mit mir sprachen und mir Trost geben. Ein Herz aus Blumen wartet auch auf dich. Das werde ich dir, zusammen mit meinem, schenken. Möge dein Schiff bald anlegen, ich werde da sein und auf dich warten. In großer Sehnsucht und Liebe*

*Deine kleine Jutta.*

Ich schrieb mehrere Briefe hin und her. Sie ließen mich dem kleinen Mädchen in mir näher kommen.

Es war in der Maltherapie. Wir hatten beschlossen, mit einem Malblock an die Saale zu gehen. Jeder Patient sollte sich einen Platz am Fluss aussuchen, an dem er sich wohl fühlte, und etwas malen, das ihm in die Gedanken kam.

Ich hatte mir einen Platz direkt am Wasser ausgesucht. Hier saß ich unter Bäumen und konnte mit dem Blick ein ganzes Stück den Lauf der Saale verfolgen. Es war ein sonniger Tag. Ich nahm meinen Malblock und begann, auf der rechten Seite des Blattes eine Insel zu malen. Auf der Insel sollte das kleine Mädchen stehen. Als ich einen Arm des Kindes malte, brach ich plötzlich in einen Weinkrampf aus. Die Therapeutin kam sofort und fragte mich, was denn los sei.

Weinend zeigte ich auf meinen Malblock und sagte: »Ich wollte ein Kind malen, und der eine Arm sieht aus wie ein Penis!« Sie sprach eine Weile mit mir, und ich beruhigte mich wieder. Ich sah auf das Wasser, sah den Enten zu und war immer noch entsetzt über das, was ich gemalt hatte.

Ich spürte Hass und Ablehnung gegen das Kind und mich, war verzweifelt und fühlte mich schuldig. Lehnte ich das Kind ab, dann lehnte ich mich ab, das spürte ich. Ich befand mich in einem Teufelskreis.

Langsam nahm ich den Malblock wieder auf und begann, Dolche zu malen, die vom Himmel auf den Penis herabstürzten und ihn zerschnitten. Ich malte voller Hass in dicken Strichen.

Tränen fielen auf das Papier. Ich spürte ein Gefühl von Traurigkeit, aber auch von Erleichterung in mir. Ich blickte einige Zeit auf das Papier und begann plötzlich, mich, die dieses dicke Kind in die Arme nahm, zu malen.

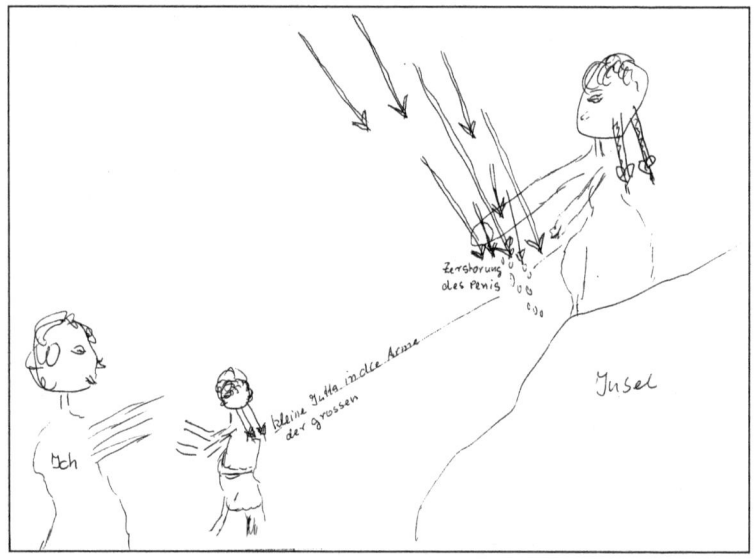

Endlich konnte ich es annehmen als zu mir gehörend. Ich weinte um mich als erwachsene Frau und um das kleine Kind, das ich auch war.

In diesen Tagen häuften sich meine Besuche bei den Schwestern. Ich musste mehrere Male ein Notfallpräparat einnehmen, um etwas zur Ruhe zu kommen. Ich erlebte Stunden, in denen es mir recht gut ging, in denen ich ein Gefühl der Ruhe in mir spürte, dann wieder eine innerliche Zerrissenheit. Oft dachte ich: »Ich halte das nicht mehr aus. Ich ertrag es nicht mehr.« Aber ich hielt es aus.

Ich war jetzt eine Woche in Heiligenfeld. In mir war Aufruhr. Träume von Vergewaltigung, von körperlichem Verletztwerden ließen mich nicht schlafen. Ich wachte nachts mit Übelkeit auf, war immer wieder mit starken Weinausbrüchen im Schwesternzimmer. Ich bekam hier viel Hilfe und Zuwendung. Man sprach mir Mut zu, sagte mir, wie stark ich sei.

Ich versuchte, mich abzulenken, ging nachmittags häufig mit einer Mitpatientin in den Kurpark, ab und an auch ins Kurkonzert. Eines Abends waren wir zusammen bei einem Konzert der Donkosaken. Es war wunderbar. Dies waren Stunden, die mich ablenkten von meinem Schmerz und mich immer wieder glauben und hoffen ließen, dass all die Qual nicht umsonst war, und dass ich eines Tages ganz gesund sein würde. Ich glaube, wenn ich diese Hoffnung jemals aufgegeben hätte, hätte ich mich selbst aufgegeben.

So kämpfte ich weiter um mein Leben, ein Leben ohne diesen immer währenden Schmerz und ohne diese Traurigkeit.

Eine junge Frau kam neu in unsere Gruppe. Sie hatte als Zehnjährige ihre Mutter verloren. Ich schloss sie gleich in mein Herz. In einer Therapiestunde weinte sie sehr, und die Therapeutin fragte sie, ob sie in den Arm genommen werden wolle. Sie sagte Ja, und ich bot spontan an: »Das würde ich gern tun.« Sie war einverstanden. Ich nahm sie in meine Arme, streichelte sie und sagte immer wieder: »Es wird alles wieder gut.« Viel ihrer großen Traurigkeit weinte sie aus sich heraus. Sie setzte sich während der restlichen Zeit zu meinen Füßen, lehnte ihren Kopf an meine Knie, und ich streichelte ihr liebevoll über das Haar. Ich spürte, dass es sie ruhig werden ließ. In mir war ebenfalls eine innere Ruhe und ein Gefühl von Geborgenheit. Mir war, als sei sie ich als Kind, und ich, die sie streichelte, meine Mutter. So spürte ich mich als Kind, das von seiner Mutter gestreichelt wurde, und gleichzeitig war ich Jutta, die erwachsene Frau, die diese Worte zu ihrem kleinen Kind, also zu sich selbst, sagte.

Meine Gefühle schwankten. An manchen Tagen fühlte ich Ruhe, an anderen Tagen war in mir eine furchtbare, kaum auszuhaltende Unruhe. Aus meinem Erschöpfungszustand kam ich nicht heraus. Immer, wenn ich glaubte, es gehe nicht weiter, ich hielte diesem Druck und dem Schmerz nicht mehr stand, bat ich Gott um Hilfe. Irgendwie spürte ich intuitiv, dass dies alles einen Sinn hatte.

Ich wünschte mir sehr, einen Anruf von meiner Mutter oder von meiner Schwester Christa zu erhalten. Aber wie so oft in den Jahren meiner Erkrankung, wartete ich auch diesmal vergebens. Meine Schwester und ihr Mann besuchten mich vor zehn Jahren einmal während eines Kuraufenthaltes in Bad Zwesten. Meine Mutter besuchte mich nur einmal in all den Jahren im Krankenhaus, und wenn Christa mich einmal während vieler Wochen im Krankenhaus anrief, war ich schon glücklich. Es tat mir immer noch weh zu spüren, dass ich ihnen nicht wichtig war. Sie hatten offenbar genug mit sich selbst zu tun. Für mehr war da kein Platz. Innerlich schrie ich: »Ich will, dass ihr mich liebt, so wie ich euch liebe!« Immer war ich zur Stelle gewesen, wenn sie meine Hilfe brauchten. Nun brauchte ich in dieser schweren Zeit ihre Hilfe, aber ich hoffte umsonst auf sie. Immer wieder lief ich ihrer Liebe und Anerkennung hinterher. Das kannte ich gut, das hatte ich gelernt. Dienend und helfend: So kannten sie mich, und so war ich für sie auch in Ordnung. Aber jetzt funktionierte ich nicht mehr so, wie sie es von mir gewohnt waren.

Viele Jahre haben meine Familie und die meiner Schwester nebeneinander gewohnt und gelebt, vieles miteinander durchgemacht. Was ist davon geblieben? Vor kurzem sagte Christa zu mir: »Ich komme mit dir nicht mehr klar, mit deiner Veränderung.« Als ich sie vor ein paar Jahren einmal fragte, was sie von mir halte, sagte sie: »Dass du ein warmherziger Mensch bist, wissen wir. Aber ansonsten haben dich die Ärzte zehn Jahre lang falsch behandelt.«

Ich verstehe, dass ich nicht mehr so bequem bin: In mir ist heute sehr viel mehr Klarheit; ich merke, welche Rolle ich als Kind in meiner Familie hatte, und ändere jetzt dieses Verhalten. Ich will nicht nur mehr demütig sein und zu allem Ja sagen, wenn ich es nicht kann. Ich wünsche mir, dass sie mich genauso achten und respektieren wie ich sie.

Einige Wochen später, als ich wieder zu Hause war, telefonierten Christa und ich miteinander. Ich fragte Christa noch einmal, was für Probleme zwischen uns seien. Sie antwortete: »Ich bin maßlos enttäuscht von dir.« Warum, wollte sie mir auch diesmal nicht sagen, nur soviel: Sie könne es im Augenblick nicht. Mit diesem Satz hörte ich meinen Vater und meine Mutter. Es war die Situation, die ich zur Genüge kannte: »Du bist böse, ungehorsam, ich will dir jetzt nicht sagen, warum. Aber du musst bestraft werden. Und das tun wir, indem wir dich ignorieren.« Gleichzeitig wurde mir klar, was ich hier tat – nämlich das Gleiche, was ich früher schon getan hatte: »Bitte, bitte, ich will alles tun, ich will nur, dass ihr mich liebt und achtet!«

Ich kann es ihnen nicht verübeln. Ich habe ihnen die Möglichkeit gegeben, so mit mir umzugehen, ich habe als Erwachsene die Rolle gespielt, die ich schon als Kind in der Familie hatte.

Es tut mir weh zu spüren, dass wir uns irgendwann einmal verloren haben, und dass wir nicht mehr die gleiche Sprache sprechen. Ich müsste nur wieder so sein, wie ich es vor meiner Erkrankung war, dann würde wahrscheinlich alles wieder so sein, wie es einmal war. Aber das kann und will ich nicht. Ich will nicht mehr zurückschauen. Ich gebe diese innere Freiheit nicht mehr auf, das Wissen, dass ich wertvoll bin und das Recht habe, geliebt, geachtet und respektiert zu werden.

Ich wünsche mir so sehr, dass wir einen Weg finden, gut miteinander umzugehen, aber ich glaube, uns trennt zu viel. Ich spüre natürlich auch, dass meiner Schwester Christa und ihrem Mann an einem Kontakt zu mir nicht viel liegt. Sie sind die Einzigen, die mit meiner Veränderung nicht zurechtkommen. Mein Mann, meine Kinder und meine Freunde sind stolz auf mich. Gott liebt mich, das weiß ich. Muss mir das nicht genügen? Bin ich undankbar, wenn ich mir auch ihre Liebe und Anerkennung wünsche? Dass ich mir eine heile Familie wünsche? Ich muss endlich aufhören, um Liebe und Anerkennung zu betteln!

Inzwischen habe ich aufgehört zu fragen, was denn zwischen uns ist. Ich habe die Situation akzeptieren können, so wie sie ist. Es tut mir nicht einmal mehr weh.

In der vierten Woche in Heiligenfeld wurde die so genannte Intensivwoche vorbereitet. Am Wochenende vor dem Beginn der Intensivwoche und auch nach deren Ende sollten wir möglichst keinen Besuch empfangen, außerdem würden die Telefone in dieser Zeit abgeschaltet. Nur im Notfall würde für uns ein Kontakt nach außen hergestellt werden.

Was in diesen fünf Tagen passierte, übertraf meine Erwartungen völlig.

Der erste Tag begann mit mehreren verschiedenen Therapiestunden. In unserer Gruppe stand vor jedem Patienten ein Stuhl, auf dem ein umgedrehter Spiegel stand. Jeder von uns sollte sich vor einen Stuhl setzen, den Spiegel umdrehen, in ihn hineinsehen und sich dann mit verschiedenen Malfarben das Gesicht nach der eigenen Vorstellung bemalen.

Ich drehte den Spiegel um, bekam einen Weinkrampf und hielt die Augen geschlossen. Alles in mir wehrte sich, in diesen

Spiegel zu schauen. Weinanfälle schüttelten meinen Körper, ich spürte ein Gefühl von Verzweiflung. Ich wollte nicht sehen, was mir der Spiegel zeigte. Ich mochte das Gesicht, welches mir entgegenblickte – mich selbst – nicht und hätte den Spiegel gern wieder umgedreht. Nachdem ich mich schließlich langsam beruhigt hatte, blickte ich doch hinein und begann, mein Gesicht zu bemalen.

Während ich mir die verschiedenen Farben ins Gesicht strich, erkannte ich plötzlich, was da entstand: Ich hatte mir Indianerzeichen ins Gesicht gemalt und das Victory-Zeichen auf die Stirn. Es war das Gesicht eines Indianerhäuptlings! Ich musste über mich selbst lachen. Mit einem Mal fühlte ich in mir eine Jutta, die kämpferisch war und siegen wollte. Ich fühlte mich gut nach dieser Stunde.

Eine weitere Übung führte uns auf eine Reise in unser Inneres. Wir stellten uns vor, es seien mehrere Türen in uns, und begannen, jede dieser Türen nacheinander zu öffnen. In einer sah ich meine Großmutter, meinen Bruder, meinen Vater und meinen ersten Mann. Sie lächelten mir zu.

Ein besonders schönes Erlebnis hatte ich, als ich eine Tür öffnete, in der ich mich in verschiedenen Altersstufen sah: die Jutta vor dem Missbrauch, die danach, Jutta mit zwanzig, dreißig und schließlich die Jutta, die ich jetzt, mit sechzig Jahren, war. Ich sah sie alle vor mir. Sie alle waren ich, bis heute. Wir waren ein Ganzes. Es war ein wunderbares Bild, als sich alle an den Händen fassten und einen Kreis bildeten. Ich spürte in mir das Glücklichsein all dieser Juttas, die eine Einzige war. Danach war ich erschöpft, aber glücklich. Ich fühlte einen inneren Frieden, den ich gern für immer in mir gehabt hätte.

Am Ende des ersten Tages, als wir zum Abendessen gingen, waren wir alle erschöpft und aufgewühlt und sprachen viel über die Erlebnisse, die jeder gehabt hatte. Ich fühlte mich zufrieden und glücklich wie schon lange nicht mehr.

An den folgenden Tagen erlebte ich noch einiges, das mich zutiefst erschütterte. Ich sah viel von mir, was mir bis dahin verborgen geblieben war, ich spürte Gefühle von Glück und Schmerz, von Hoffnung und Verzweiflung.

In einer der folgenden Stunden sollten wir uns in Dreiergruppen aufteilen. Jeder von uns saß auf einer eigenen bezogenen Matratze. Wir bekamen eine Viertelstunde, in der wir uns etwas von den beiden anderen wünschen konnten. Ich brauchte nicht lange nachzudenken: Ich wünschte mir, mich wie ein kleines Kind ins Bett bringen zu lassen. Ich legte mich auf die Matratze, den Teddy meiner dicken Jutta im Arm. Meine beiden Mitpatientinnen deckten mich mit einer Decke liebevoll zu. Es war ziemlich dunkel im Raum, ein paar Kerzen brannten. Die beiden nahmen meine Hand, streichelten sie und sangen Kinderlieder.

Hier erlebte die erwachsene Frau, wie die kleine Jutta in ihr das bekam, wonach sie sich sehnte und was sie in ihrer Kindheit so sehr vermisst hatte: liebevoll ins Bett gebracht zu werden.

Mir war bewusst, dass ich meinem kleinen Kind jetzt sehr nahe war und die Möglichkeit hatte, mir, das heißt dem kleinen Kind, etwas zu geben, das ihm fehlte. Ich rollte mich wie ein Embryo zusammen und weinte in die Decke und ins Kissen. Es war die Trauer, das Alleinsein und die Verzweiflung eines kleinen Kindes, aber auch der erwachsenen Frau. Es tat mir gut. Alles, was ich aus mir herausweinte, entlastete und befreite mich.

Später am Abend dachte ich über Abschied nach. Das ganze Leben ist ein ständiges Abschiednehmen – von Menschen, die wir lieben, von lieb gewordenen Gewohnheiten, von Lebensabschnitten und von der Jugend, von den Eltern und auch von unseren eigenen Kindern, wenn sie eines Tages beginnen, ihr eigenes Leben zu leben. Aber wir verabschieden uns auch von Schmerzen, Kummer und Sorgen. Damit nehmen wir auch Abschied von unserem alten Ich. Für alles, was fortgeht, wird etwas Neues, Lebendiges in uns zurückkehren.

Ich glaube, dass für alles Negative, von dem wir Abschied nehmen, etwas Positives in uns wächst. Auf jeden Abschied folgt eine Wiederkehr. Er ist wie bei einer Blume: Für jede welkende Blüte folgt eine neue Knospe. Diese ist, wenn sie sich zu einer Blüte öffnet, weit schöner als die, welche verblüht ist.

Es ist das, was Gott uns verspricht: Nehmen wir Abschied vom Leben, so werden wir auferstehen, wenn wir an ihn glauben. Wir könnes es im Kreuzestod und der Auferstehung seines Sohnes Jesus Christus erkennen.

In meiner Kerngruppe fühlte ich mich weiterhin unwohl. Ich spürte alte Gefühle: Gefühle von Ablehnung und Ausgrenzung, das Gefühl, nicht wahr- und wichtig genommen zu werden. An den Abenden war ich erschöpft und zu nichts mehr in der Lage, außer in mein Bett zu gehen und ein wenig zu lesen. Die Nächte, die diesen Tagen folgten, waren sehr unruhig. Ich träumte heftig von Verfolgung, Vergewaltigung, Misshandlungen und Demütigungen. Strengten mich diese nächtlichen Erlebnisse auch sehr an, so wusste ich doch, dass ich mich in meinen Träumen von vielen alten Erlebnissen verabschiedete.

Ich war innerlich so offen wie nie, kam noch tiefer in mich hinein und mir damit immer näher. Glücklichsein folgte auf große Traurigkeit, Verzweiflung auf Zuversicht.

Die Schwestern kümmerten sich liebevoll um mich. Wenn ich Weinausbrüche bekam, war immer eine da, die sich zu mir setzte und mit mir sprach, bis ich mich wieder beruhigte.

All das erlebte ich im ständigen Wechsel. Ich war erschöpft, erschöpft und erschöpft. An manchen Tagen glaubte ich nicht mehr weitermachen zu können, einfach keine Kraft mehr zu haben.

In den gesamten sieben Wochen habe ich zweimal versucht, eine Therapiestunde nicht wahrzunehmen. Ich war wirklich am Ende meiner Kräfte und bat die Therapeutin, mich zu entbinden. Sie konnte mich jedoch überzeugen, dass ich mir damit viel nehmen würde. Und sie hatte Recht.

Hier begegnete mir auch zum ersten Mal meine eigene Wut. Eine Gruppentherapie fiel aus, und wir sollten uns für diese Zeit eine gemeinsame Beschäftigung suchen. Einige Patienten beschlossen, im Malraum zusammen ein Bild zu malen. Ich war verärgert, es war mir egal, was beschlossen worden war. Es war ein sonniger Tag, und ich wünschte mir, statt zu malen, bei diesem schönen Wetter einen Ausflug zu machen.

Das sagte ich auch den anderen, und es gab Ärger. Wir waren zu acht, und ein paar andere wollten auch nicht malen. Die Worte gingen hin und her, und ich spürte, wie ich innerlich wütend wurde. Plötzlich stampfte ich mit dem Fuß auf und rief laut: »Ich will aber nicht malen!«

Alle sahen mich erstaunt an. Ich spürte eine ungeheure Wut aufsteigen, die sich wie ein Ballon in meinem Inneren aufblähte und nach außen strebte. Am liebsten hätte ich einen Gegenstand genommen und an die Wand geworfen. Ich war entsetzt und erschrocken über mich selbst. So etwas kannte ich überhaupt nicht von mir! Die Wut wurde größer und machte mich völlig hilflos. Ich spürte, ich musste hier raus, bevor ich mich vergaß. Ich begann zu weinen, sagte zu den anderen: »Ich muss hier raus!«, und lief geradewegs ins Schwesternzimmer. Ich zitterte vor Wut und hatte gleichzeitig Angst vor diesem Gefühl.

Völlig aufgelöst und unter Schluchzen erzählte ich dort, was vorgefallen war. Die Schwester lachte und sagte: »Endlich, endlich kommt Ihre Wut. Lassen Sie sie raus, trampeln sie auf den Boden!« Ich trampelte voller Wut und unter Weinen immer wieder auf den Fußboden und schrie dabei: »Ich bin wütend, ich bin wütend, ich will nicht malen, verdammt noch mal!«

Während ich diese Situation beschreibe, muss ich über mich lachen. So hatte ich mich vorher noch nie erlebt: Es war ein totaler Wutausbruch. Ganz langsam beruhigte ich mich wieder. Die Schwester fragte mich: »Möchten Sie einmal boxen?« Ich bejahte, und sie gab mir ein Paar Boxhandschuhe. Voller Wut schlug ich auf den Punchingball ein und schrie: »Ich will nicht, ich will nicht, verdammt, ich will nicht. Nein! Nein! Nein!«

Ich glaube, ich schrie einen Teil all der »Neins«, die ich in meinem Leben nicht zu sagen gewagt hatte, aus mir heraus. Es waren die, die ich meinen Missbrauchern und denen, die mich demütigten und verletzten, nie gesagt hatte. Ich fühlte mich erschöpft, aber gut. Es war wie eine innerliche Reinigung.

Ich wusste ganz genau, was mit mir passierte, und es war gut, dass es passierte. Ich befreite mich von alten Verletzungen. Je mehr ich losließ, desto mehr Heilung spürte ich. Ich wurde kraftvoller, verlor ein wenig das Gefühl der Ausgrenzung, der Wertlosigkeit und des nicht Angenommenwerdens. Plötzlich fühlte ich mich sicher in der Gruppe. »Ich bin auch da, ich gehöre dazu wie jeder von uns!«, konnte ich mir plötzlich sagen.

Am nächsten Tag bat ich um eine Familienaufstellung in der Ess-Strukturgruppe. Einige Mitpatienten waren bereit, sich für jeweils eine Person meiner Familie aufstellen zu lassen. Sie fungierten als meine Mutter, mein Vater, und eine Person stellte die Ess-Sucht dar. Ich selbst war das Kind.

Ich stellte die Personen so auf, wie ich es wünschte: meinen Vater direkt vor mir, meine Mutter seitlich vor mir und die Ess-Sucht neben mir. Ich war furchtbar unruhig, und was dann passierte, führte wieder zu einem Weinausbruch und großer Traurigkeit. Die Therapeutin fragte die jeweiligen Ersatzpersonen, wie sich fühlten. Mein »Ersatzvater« antwortete: »Nicht so gut«, und bewegte sich von mir weg. Dieses Wegbewegen war die Abkehr von mir (von unserer Familie) und der Schritt in den Alkoholismus.

Meine »Mutter« antwortete auf die Frage: »Ich habe mit mir selbst zu tun.«

Die Person, welche die Ess-Sucht darstellte, antwortete: »Mir geht es gut, ich fühle mich stark.«

Es erschreckte mich zutiefst. Hier sah ich alles, wie es sich in meiner Familie damals zugetragen hatte. Trotzdem hatte ich auch ein leises Gefühl der Erleichterung – ich wusste plötzlich, dass meine Empfindungen damals real waren: meine Mutter, die mit sich zu tun hatte, mein Vater, der dem Alkohol zugewandt war, und die Ess-Sucht, die stark war.

Ich war fassungslos über das, was ich hier erlebte, und es dauerte einige Zeit, bis ich mich wieder beruhigen konnte. Mein Entsetzen darüber, welche Stärke die Ess-Sucht zeigte, war groß. Hier wurde mir zum ersten Mal wirklich deutlich, welche Macht sie über mich hatte.

Ich war nach verschiedenen Therapiestunden erschöpft zu Bett gegangen, konnte nicht schlafen und wälzte mich von einer Seite auf die andere. An diesem Tag hatte ich eine junge Frau kennen gelernt, die versucht hatte, sich zu töten. Sie war nicht glücklich darüber, dass man sie rechtzeitig gefunden hatte, und sagte mir, dass sie es wieder versuchen wolle. Wir hatten sehr lange miteinander gesprochen, und ich hatte versucht, ihr klar zu machen, dass es sich lohnte zu leben, dass wir nur dieses eine Leben haben. Andererseits konnte ich ihre Verzweiflung verstehen – ich hatte sie selbst oft genug erlebt: dieser entsetzliche innere Druck, das Gefühl des Verlorenseins und das der Einsamkeit. Man erlebt wirklich den Wunsch, die Augen für immer schließen zu können. Auch dieses Gefühl kannte ich, wenn ich auch nie wirklich an Selbstmord dachte.

Das Zerstören der Persönlichkeit, das Stehlen des Körpers und die Nichtachtung des Lebens der Kinder, die uns anvertraut sind, das ist weit mehr als eine Ungeheuerlichkeit. Es ist eine Tat, die viele Menschen in den Selbstmord treibt, weil sie sich selbst nicht mehr ertragen oder aushalten können.

Am letzten Tag der Intensivwoche fragte man uns in der Gruppe, ob wir uns vorstellen könnten und bereit seien, einen Gang der Versöhnung zu tun. Die Therapeutin erklärte uns, wie wir uns dies vorzustellen hatten.

Wir nahmen jeder einen kleinen Stein, den wir in ein Stück Stoff wickelten. Darum herum kam eine lange, dicke Schnur. Jeder von uns suchte sich einen Platz, an dem er oder sie gerne war. Ich wusste, an welchen Platz ich wollte: Es war der, an dem ich gesessen hatte, als ich das Bild der kleinen Jutta mit den Dolchen gemalt hatte.

Auf dem Weg dorthin sollte ich bei jedem Schritt, den ich tat, etwas sagen, und bei jedem Satz sollte ich einen Knoten in die Kordel machen. Es waren zunächst Sätze wie: »Ich habe euch Missbrauchern noch nicht vergeben«, oder: »Ich bin hasserfüllt gegen euch.« Ich ging die Schritte, sprach bei jedem einen Satz und machte einen Knoten. Das tun übrigens auch die Franziskaner-Mönche mit der Kordel ihrer Kutte, während sie beten.

Schließlich war ich bei einem dicken grünen Strauch angekommen. Dort setzte ich mich hin und vergrub meinen Stein der Vergebung in der Erde.

Auf dem Weg zurück in die Klinik sollten wir gute Dinge sagen. Ich sagte beispielsweise zu meinen Eltern: »Ich danke euch, dass ihr mich gezeugt und geboren habt.« Natürlich war damit nicht alles sofort vergeben. Dennoch fühlte ich mich irgendwie erleichtert, aber auch sehr aufgewühlt. Weinend kam ich in die Therapiestunde zurück.

Die Therapeutin schlug uns vor, einen Brief an uns selbst zu schreiben, einen, in dem wir gut zu uns waren. Diesen Brief wollte man uns in der Adventszeit zusenden. Ich bekam meinen in der zweiten Adventswoche, etwa fünf Wochen nach meiner Heimkehr. Er lautete:

*Liebe Jutta,*
*du hast heute etwas Wunderbares tun können. Du hast begonnen, zu verzeihen, all denen, die dir so wehgetan haben.*
*Du konntest dir sogar selbst verzeihen, wenn du nicht immer die Tochter warst, die sich deine Eltern wünschten.*
*Du konntest die kleine missbrauchte Jutta in die Arme nehmen und mit ihr zusammen wieder ein Ganzes werden.*
*Du konntest Dankbarkeit dafür spüren, dass du lebst. Du konntest deinen Eltern Dank sagen, dass sie dich gezeugt und geboren haben. Du konntest stolz sein auf das, was du geleistet hast.*
*Du konntest wirkliches Glück empfinden, einen so guten Mann, zwei liebevolle Kinder und ebensolche Enkelkinder zu haben.*
*Du hast gespürt, dass du dich selbst lieb haben kannst.*
*Ich bin stolz auf Dich.*

Ich war glücklich, als ich diesen Brief empfing.

Der letzte Tag der Intensivwoche fing morgens mit Gymnastik an. Nach dem Mittagessen begann die Therapiestunde. Zwei Patienten arbeiteten miteinander: Einer ging in die Atmung, der andere war die Begleitung. Ich konnte mir zunächst nicht vorstellen, warum jede atmende Person eine Begleitung benötigte, aber ich sollte es sehr schnell erfahren.

Ich begleitete zunächst. Unter Anleitung der Therapeutin begann meine Mitpatientin, in eine bestimmte Atemtechnik zu gehen. Es war wie Hecheln. Mit dem stärker werdenden Hecheln begann sie unruhig zu werden. Dann fing sie an zu weinen. Ich sprach beruhigend auf sie ein, streichelte ihre Hand und versuchte, ihr mit meiner Gegenwart Sicherheit zu geben, damit sie sich loslassen konnte.

Sie wälzte sich auf der Matratze hin und her, und ich spürte, dass sie sehr tief in sich drinnen war. Anscheinend kam sie immer näher an irgendwelche schlimmen Erlebnisse in ihrer Vergangenheit heran. Es war wie ein krisenhafter Anstieg, der abebbte, als sie sich langsam wieder beruhigte. Sie war danach sehr erschöpft, und auch ich war innerlich furchtbar bewegt.

Als die Sitzung endete, sollten alle Atmenden ein Bild über ihre Gefühle während des Atmens malen. Sie malte ein Bild ihrer Mutter, die kurz nach ihrer Geburt gestorben war. Sie sagte, sie habe einen großen Schmerz erlebt: den Verlust ihrer Mutter.

Alle Patienten waren sehr erschöpft nach dieser Woche und natürlich aufgewühlt. Viele sprachen davon, näher an Erlebnisse und Gefühle herangekommen zu sein.

Am Wochenende nach der Intensivwoche ruhte ich mich aus, lag viel im Bett und las, ging spazieren im Kurpark oder direkt nach Bad Kissingen. Ich tat alles, um es mir gut gehen zu lassen und mich zu verwöhnen. Gleichzeitig hatte ich großes Heimweh und freute mich auf meine Familie, die mich in den nächsten Tagen besuchen wollte.

In meinem Inneren brodelte es wie in einem Vulkan. Weitere verdrängte Erlebnisse suchten einen Weg nach draußen. Die folgenden Nächte waren unruhig: In meinen Träumen wurde ich wieder verfolgt, vergewaltigt, mir wurden die Haare abgeschnitten, und ich bekam Schläge. Wieder war ich nachts häufig bei den Schwestern und bekam Notfallmedikamente, um wenigstens etwas schlafen zu können. Es waren immer wieder Kindheitserinnerungen, die mich lähmten.

Drei Tage bevor meine Familie kam, war ich mit Atmen dran. Ich hatte eine Praktikantin an meiner Seite. Wenn ich manchmal glaubte, dass die letzte Erschütterung in mir so groß gewesen sei, dass sie nicht mehr zu überbieten sei, dann wurde ich jetzt eines Besseren belehrt.

Ich lag auf meiner Matratze und begann zu atmen. Langsam ging die Atmung ins Hecheln über. Ich wurde immer unruhiger und begann zu schreien. Ich wälzte mich auf der Matratze hin und her und hörte meine eigene Stimme, die schrie: »Nein, nein, raus aus mir, raus aus mir!« Dabei drückte ich mit beiden Händen auf meinen Bauch, so als wollte ich etwas aus mir herausdrücken. Ich wimmerte und schrie nach meiner Mutter: »Mama, Mama, Mama!«

Ich spürte, dass die Therapeutin mit Hilfe der Praktikantin meine Knie gegen meinen Unterleib drückte und hatte das Gefühl, als sollte etwas aus mir herauskommen. Die Praktikantin hielt meinen Kopf auf ihrem Schoß, streichelte mir über das Haar und flüsterte mir beruhigende Worte zu. Langsam ebbte mein Schreien ab, und ich wurde ruhiger. Danach war ich fertig mit der Welt. Ich konnte nicht mehr und glaubte, nicht einmal mehr von der Matratze aufstehen zu können.

Als ich nach dieser Stunde zu Bett ging, fühlte ich mich erleichtert. Was hatte ich hier erlebt? Ich hatte während des Atmens das Bedürfnis verspürt, etwas Schmutziges aus mir herauszudrücken. Ich wollte offenbar den Dreck, den die Vergewaltiger in mir hinterlassen hatten, aus mir herauspressen.

Später war ich voller Angst über das Erlebte und wollte eigentlich nicht wieder in die Atmungsgruppe gehen. Ich sprach mit der Therapeutin darüber, und sie erklärte: »Diese Übung ist sehr wichtig für Sie! Sie können viel aus sich herauslassen.«

Also ging ich auch zur nächsten Stunde. Diese wurde noch schlimmer für mich: Ich hörte mich wieder entsetzlich schreien und tobte auf der Matratze. Und wieder wimmerte ich nach meiner Mutter: »Mama, Mama, hilf mir, hilf mir doch!« Ich fühlte mich als Kind in einer Dunkelheit und schrie nach ihr vor Angst, die Vergewaltiger könnten kommen. Ich stieß die Schreie aus, die ich damals nicht hatte schreien dürfen. Wieder drückte ich auf meinen Bauch, schrie: »Raus aus mir!«, und strampelte dabei wie wild mit den Beinen.

Plötzlich spürte ich, dass zwei Therapeutinnen rechts und links an meiner Seite saßen. Jede hielt ein Ende eines dicken Handtuchs fest. Sie spannten es über meinen Bauch, und ich begann, mit aller Kraft mit beiden Händen gegen dieses Handtuch zu drücken. Dabei schrie ich: »Raus! Raus! Raus!« – so lange, bis ich keine Kraft mehr hatte und nur noch leise wimmern konnte. Mein Kopf lag im Schoß der Praktikantin, und ich weinte in ihn hinein.

Allmählich wurde ich ruhiger, strich mir jetzt sanft mit den Händen über den Bauch und hörte mich sagen: »Sie sind fort, sie sind endlich fort, er gehört mir. Mein Körper gehört mir, mir allein.« Dabei fühlte ich Wärme im Unterbauch. Immer wieder sagte ich diese Worte. Die Praktikantin strich mir über das Haar und antwortete leise: »Ja, das ist Ihr Körper, er gehört Ihnen, Ihnen ganz allein.«

Während des ganzen Prozesses hatte ich Bilder im Kopf: Ich sah mich als Gebärende, links und rechts an meiner Seite einen Engel. Mein Kopf lag im Schoß eines der Engel. Sie schützten mich, während ich einen Penis aus mir herausspie. Danach fühlte ich unendliche Erleichterung und Glück. Ich hatte sie, die Vergewaltiger mit ihrem Schmutz, ausgespuckt. Sie waren fort aus mir, mein Körper war wieder mein Eigentum.

Wir malten ein Bild über unsere Erlebnisse. Ich malte die Engel an meiner Seite und den ausgespieenen Penis, sprach über meine unendliche Erleichterung und über den Frieden, den ich in mir fühlte.

Die Therapeutin sah mich sehr berührt an und sagte: »Frau Grabow, ich glaube, Sie sind bei sich angekommen!« Auch ich war überzeugt davon, dass es so war.

Ich fühlte mich jetzt wohl in meiner Haut, ging viel nach Bad Kissingen, setzte mich in ein Café und sah den Leuten nach, die an mir vorbeihasteten oder stehen blieben, um Schaufenster anzuschauen. Ich stöberte in verschiedenen Läden und erfüllte mir manch kleinen Wunsch.

Als meine Familie zu Besuch kam, erlebten wir ein wunderbares Wochenende in Bad Kissingen. Der Abstand von der Therapie und der Klinik tat mir gut. Wir fuhren in die wunderschöne Umgebung des Frankenlands, saßen abends gemütlich zusammen, und ich lachte viel. Ich wusste, dass ich bald wieder zu Hause sein würde.

In den letzten Tagen in der Kerngruppe konnte ich noch einiges für mich lösen. Wir hatten neue Patienten dazubekommen, und ich fühlte mich jetzt recht wohl. Dennoch haben sie mich nie so kennen gelernt, wie ich eigentlich bin, ich konnte mich nicht so zeigen. Lachen und ich selbst sein konnte ich nur im Zusammensein mit den Patienten, denen ich mich außerhalb meiner Gruppe angeschlossen hatte. Ich habe ein paar sehr liebenswerte Menschen kennen gelernt, mit denen ich nach wie vor in Kontakt bin.

Während der Therapie war ich meinen Verletzungen so nahe gekommen, dass ich noch sehr viel weinte. Meine Stimmung schwankte, aber ich sah, dass es anderen Patienten nicht anders ging als mir. In diesen Tagen ging ich viel an die Saale. Hier saß ich oft stundenlang und hing meinen Gedanken nach, dachte an meine Kindheit, meine Jugend und die nachfolgende Zeit, an all das Leid, aber auch an das, was daraus entstand.

Dann kam der Abschied von Heiligenfeld. Im letzten Gespräch mit meinem Therapeuten zeigte ich ihm Fotos von meinen Ölbildern und schenkte ihm zwei meiner kleinen Kinderbücher. Er war sehr erstaunt und fragte: »Warum haben Sie das nicht mit in die Kerngruppe eingebracht? Es wäre eine Bereicherung für uns gewesen!« Und dann sagte er etwas, das mich sehr berührte: »Frau Grabow, ich habe tiefen Respekt vor Ihnen und Ihrem Leben.«

Im Forum verabschiedete ich mich von etwa achtzig Patienten und Patientinnen und von einem großen Teil der Therapeuten und der Klinikleitung. Ich bedankte mich bei allen, die zu meiner Gesundung beigetragen hatten, und würdigte noch einmal das Konzept der Klinik: Jeder einzelne Mensch ist wertvoll und hat ein Recht auf sein Leben und auf Heilung seiner Erkrankung. Und jeder wurde hier so behandelt – mit Respekt und Achtung und dem liebevollen Bemühen, zu helfen.

Ich ging in die Mitte des Saales und sprach darüber, in welchem Gesundheitszustand und mit welchen Problemen ich hierher gekommen war, über meine Kindheitserlebnisse und über das, was ich für mich in Heiligenfeld erreicht hatte. Ich konnte sagen, dass ich endlich bei mir angekommen war. Auch sprach ich noch einmal davon, was mich vorangetrieben hatte, wenn ich glaubte, nicht weitermachen zu können, wenn ich am Ende meiner Kraft war und mich am liebsten aufgegeben hätte. Es war der Satz, den Jesus zu dem Gelähmten gesprochen hatte, als er ihn heilte: »Steh auf und geh.«

Der Abschied fiel mir schwer, wenn ich mich auch auf mein Zuhause und meine Familie freute. Ich dachte mit Wehmut an die vielen Gespräche mit den mir vertrauten Mitpatienten und an den Trost, den wir uns schenkten. Ich wusste aber auch, dass es jetzt Zeit für mich war, nach Hause zurückzukehren.

Ich hatte diese sieben Wochen gebraucht, nun war es genug.

Richard erwartete mich am Bahnhof. Auch er war glücklich, dass ich endlich wieder da war, so wie meine ganze Familie.

Zunächst ging es mir recht gut. Ich hatte viel zu erledigen, besuchte meine Mutter und meine Freunde. Richard und ich gingen viel spazieren und genossen es, wieder zusammen zu sein. Heiligenfeld wirkte jedoch noch sehr stark in mir nach. Heftige Träume verfolgten mich nachts, und es begann mir wieder schlechter zu gehen.

In Heiligenfeld hatte ich sechs Kilo abgenommen, nun begann ich von neuem, unmäßig zu essen. Ich versuchte es auf die Weihnachtszeit zu schieben: All die leckeren süßen Sachen wollte ich doch auch genießen! Dabei merkte ich nicht, dass ich mein Körpergefühl erneut verlor.

Ich wurde ständig depressiver, und mein Ekel vor dem Sex wurde zur Qual. Obwohl mir Richard immer wieder versicherte, dass dies kein Problem zwischen uns sei, änderte sich mein schlechtes Gewissen ihm gegenüber nicht. Ich glaubte ihm mit dem Kopf, aber nicht in meinem Herzen. Ich spürte, dass es noch immer etwas in mir gab, das ich nicht gelöst bekam. Also stopfte ich nur noch mehr in mich hinein, und wieder empfand ich Hass gegen mich selbst. Wieso schaffte ich es nicht, auch diesen Knoten zu lösen?

Ich versuchte, nicht so viel darüber nachzudenken und die Adventszeit zu genießen, aber es gelang mir nicht wirklich. Obgleich ich wusste, dass ich mich von vielen Schmerzen bereits verabschiedet hatte, wütete es dennoch in mir. Ich aß und aß und aß, spürte, wie ich immer dicker wurde und war verzweifelt darüber. Woran lag es, dass ich mich ständig mit Essen zudröhnen musste?

Ich hatte wieder Bilder vor mir: meine Missbraucher, die meinen Körper benutzten, wann immer sie Lust hatten; meinen Vater, der die Sexualität verdammte und in den Schmutz zog, sie aber mit meiner Mutter dennoch lebte; meine Mutter, die uns verachtete, weil wir irgendwann sexuelle Beziehungen hatten. Als meine Schwester Ulla ihr mit noch nicht ganz siebzehn Jahren gestehen musste, dass sie schwanger sei, sagte meine Mutter nur: »Du kannst wohl nicht schnell genug einen Mann ins Bett bekommen!« Plötzlich wusste ich es: Hier war die Verbindung zu meiner Ess-Sucht.

In der nächsten Therapiestunde sprach ich mit Frau Irslinger über die Vorgänge in mir und über mein Bedürfnis, aus diesem dicken Körper, in dem ich mich eingesperrt fühlte, herauszukommen. Ich begann zu weinen und sprach über meinen Ekel vor Sex. Ich schlug wieder mit dem Badminton-Schläger. Mir wurde übel, ich bekam einen Weinkrampf und begann zu würgen. Dann spuckte ich viel Schleim.

Ich hatte das Gefühl, als spuckte ich das Sperma aus, das sich mir damals in den Mund ergoss und an dem ich glaubte ersticken zu müssen.

Als ich nach Hause kam, war ich völlig erschlagen und legte mich hin, um ein wenig zu schlafen. Aber die Übelkeit ließ nicht nach. In meinem Oberbauch wütete etwas, wie ein Krampf. Wie getrieben lief ich im Haus herum, steckte mir den Finger in den Hals und wünschte, ich würde erbrechen. Ich konnte zwar nur würgen, aber das erleichterte mich, und ich konnte ein wenig schlafen.

Spät am Abend rotierten die Gedanken in meinem Kopf, und ich begann mit einem Mal zu verstehen: Das Vollstopfen mit Essen war Aggression gegen mich selbst, gegen meinen Körper. Ich wollte ihn verunstalten bis hin zur Zerstörung. *Mein*

*Körper* war es, der meinen Missbrauchern gefiel und den sie dann auch benutzten. *Mein Körper* war verantwortlich dafür, dass er sexuelle Gier in ihnen hervorrief. Musste ich ihn nicht dafür zerstören, ihn hassen?

Ich wurde ganz ruhig, denn plötzlich war mir klar, dass es so nicht mehr war: Es gab sie nicht mehr, die Missbraucher. Ich hatte das Ruder meines Schiffes selbst übernommen, *ich* bestimmte die Richtung.

Ich durfte und konnte Nein sagen, wenn ich keinen Sex wollte. *Ich* bestimmte. Ich konnte endlich zu meinem Vater »Nein« sagen, wenn auch mehr als fünfundzwanzig Jahre nach seinem Tod. Ich sprach das Wort »Nein« mehrmals laut an ihn gerichtet aus. Endlich begriff ich, dass ich das auch zu meiner Mutter sagen durfte, wenn ich etwas nicht wollte. Ich durfte endlich zu allem, was mir zuwider war, »Nein« sagen. Niemand würde jemals wieder meinen Körper berühren dürfen, wenn ich es nicht erlaubte. Ich musste meinen Körper nicht mehr zerstören, ich konnte beginnen, ihn als zu mir gehörend anzunehmen.

Mein Essverhalten begann sich zu verändern: *Ich* bestimmte von nun an, wann ich aß und was. Es ging mir immer besser. Ich spürte, dass der Feind in meinem Inneren fluchtartig seinen Thron verlassen hatte, dass David in seinem Kampf gegen Goliath gesiegt hatte.

Ich glaube, nun war ich endlich frei.

Wir verlebten ein besinnliches und ruhiges Weihnachtsfest. Am Heiligen Abend waren wir bei Angelika eingeladen, Kirsten und die Kinder waren ebenfalls da. Ich sah meine kleine Familie an und spürte große Dankbarkeit in mir, Dankbarkeit, dass Gott sie mir geschenkt hatte.

Dankbarkeit, dass ich lebte.

## Nachwort

Wir haben Januar 2004, und ich schreibe den letzten Satz meiner Lebensgeschichte.

In mir ist Frieden.

Ich habe vergeben, all denen, die mir so viel Leid zugefügt haben.

Meinen Eltern kann ich heute sagen, dass ich sie liebe. Sie haben uns gegeben, was ihnen möglich war.

Ich sehe ein Bild in mir: Ich stehe in meinem neuen Haus, das ich auf Gottes Fundament gebaut habe. Im Untergeschoss befinden sich einige Holzkisten. Ich weiß, dass in ihnen meine Vergangenheit ruht. Ich habe mehrere Zettel in der Hand, auf denen geschrieben steht: »abgeschlossen«. Auf jede Kiste klebe ich einen davon.

In dem neuen Haus fühle ich mich geborgen. Ich brauche keine Angst mehr zu haben. Hier wird mir niemand je wieder Schmerzen zufügen können.

In mir ist ein Gefühl von Erleichterung und innerer Zufriedenheit. Ich spüre mich, als sei ich von einer langen Reise, während der ich schwer erkrankt war, gesund zurückgekehrt.

Ich bin endlich heimgekommen, angekommen bei mir, der Jutta, die ich suchte und die ich bin.

## Dank

Mein besonderer Dank gilt Frau Dr. Jutta Hübner, die mich in all den Jahren mit ihrem Wissen – nicht nur in der Homöopathie – und ihrer liebevollen Art begleitet hat. Sie ist mir eine Freundin geworden; Frau Angela Irslinger, meiner Therapeutin, die mich mit Geduld und Fürsorge in den schlimmsten Phasen meiner Aufarbeitung aufgefangen hat; unserem Freund, dem Theologen Martin Möller, der mich in vielen Stunden gemeinsamer Gespräche auf viele Fragen eine Antwort finden ließ; meiner Freundin Angelika Grünke, in memoriam Marlies, sowie meiner Frauengruppe, die mir seit mehr als fünfunddreißig Jahren die Treue hält. Außerdem danke ich dem gesamten Pflegeteam der Station acht des Paul-Stritter-Hauses im Evangelischen Krankenhaus Alsterdorf sowie den vielen anderen Menschen, die ich nicht alle namentlich benennen kann.